Veröffentlichungen des Deutschen Vereins für Volks-Hygiene.

Im Auftrage des Zentralvorstandes
in zwanglosen Heften herausgegeben
von
Sanitätsrat Dr. K. Beerwald, Berlin.

Heft II.

Berufswahl und körperliche Anlagen.

Mit Beiträgen von
Professor Dr. M. Hahn, Dr. Ed. Hirt, Landesgewerbearzt
Dr. F. Koelsch, Professor Dr. Fr. Lange, Dr. M. Nadoleczny,
Professor Dr. H. Neumayer, Privatdozent Dr. R. Schneider.

Herausgegeben von
Dr. Franz Koelsch,
Kgl. bayer. Landesgewerbearzt.

9 Textfiguren.

4. neu durchgesehene und erweiterte Auflage.
(9.—13. Tausend.)

München und **Berlin.**
Druck und Verlag von R. Oldenbourg.
1912.

Preis 60 Pfennig.

Von 100 Expl. an 55 Pf. | Von 500 Expl. an 45 Pf.
Von 200 Expl. an 50 Pf. | Von 1000 Expl. an 42 Pf.
Von 2000 Expl. an 40 Pf.

Veröffentlichungen des Deutschen Vereins für Volks-Hygiene.

Im Auftrage des Zentralvorstandes in zwanglosen Heften herausgegeben von

Sanitätsrat Dr. K. Beerwald, Berlin.

Heft II.

Berufswahl und körperliche Anlagen.

Mit Beiträgen von

Professor Dr. M. Hahn, Dr. Ed. Hirt, Landesgewerbearzt Dr. F. Koelsch, Professor Dr. Fr. Lange, Dr. M. Nadoleczny, Professor Dr. H. Neumayer, Privatdozent Dr. R. Schneider.

Herausgegeben von

Dr. Franz Koelsch,

Kgl. bayer. Landesgewerbearzt.

9 Textfiguren.

4. neu durchgesehene und erweiterte Auflage.

(9.—13. Tausend.)

München und Berlin.

Dru und Verlag von R. Oldenbourg.

1912.

Vorwort.

Die erfreuliche, im Interesse einer rationellen Berufshygiene aber auch unabweisbare Berücksichtigung, welche neuerdings die Berufswahl erfährt, machte eine Neuauflage der vorliegenden Broschüre erforderlich. Nachdem der bisherige bewährte Herausgeber infolge anderweitiger beruflicher Inanspruchnahme leider die Arbeit der Neuauflage nicht mehr übernehmen konnte, wurde der Unterzeichnete mit der Herausgabe betraut. Den vielfach ergänzten trefflichen Abhandlungen der bisherigen Mitarbeiter wurde ein neuer, vom Unterzeichneten zusammengestellter Abschnitt angefügt, welcher die „praktische" Berufswahl, die Benützung des Büchleins durch den Laien, erleichtern soll. Hiebei durften natürlich auch die wirtschaftlichen Verhältnisse der einzelnen Berufe nicht außer Acht gelassen werden. Für das diesbezügliche Material bin ich den Herrn Vorständen der Münchener gewerblichen Fachschulen, insbesondere Herrn Hauptlehrer A. Turtur, zu großem Dank verpflichtet.

Möge das Schriftchen auch in der neuen Gestalt dazu mithelfen, die Bedeutung der Berufswahl für Gesundheit und Arbeitsfähigkeit aller Berufsschichten eindringlich hervorzuheben und insbesondere den Eltern, Erziehern und Lehrherren mit fachmännischem Rat zur Seite zu stehen — ohne indes die persönliche ärztliche Untersuchung und Beratung des einen Beruf Wählenden ausschalten oder ersetzen zu wollen! Allerdings bedarf der für die Berufsausbildung so wichtige Fach- und Fortbildungsunterricht nach dieser Richtung noch einer wesentlichen Ergänzung durch Aufstellung von Fachschulärzten, denen sowohl die Beratung bei der Berufswahl als auch der allgemein- und fachhygienische Unterricht zu übertragen wäre. Abgesehen von der überaus segensvollen Einwirkung auf die jungen Lehrlinge, könnte auch — wie die Mitteilungen der Wiener Fachschulärzte ergeben haben — die Gewerbepathologie außerordentlichen Nutzen aus dieser ärztlichen Überwachung ziehen, da erfahrungsgemäß bereits in den ersten Berufsjahren, am jugendlichen Körper, sich die schädigenden Einflüsse bestimmter Berufe zu zeigen beginnen. Dieser im Interesse einer zielbewußten Berufshygiene und gesundheitlichen Ertüchtigung unabweisbaren Forderung dürften sich die maßgebenden Stellen auf die Dauer doch wohl nicht entziehen können.

Koelsch.

Inhalt.

Einleitung.

Von Prof. Dr. Martin Hahn=München, jetzt in Freiburg i. B.

Zur 1. Auflage:

Es gibt wenige Momente im menschlichen Leben, die eine so große Bedeutung beanspruchen dürfen wie die Berufswahl. Erfolgreiche Arbeit ist Glück, und Arbeit ohne Erfolg bedeutet Unglück. Der Erfolg aber ist für die Mehrzahl davon abhängig, ob sie die richtige Berufswahl getroffen haben. Als unrichtig pflegt man im allgemeinen den Beruf zu bezeichnen, der dem Betreffenden seinem Charakter nach nicht entspricht. Man denkt vor allem an die innere Zufriedenheit, die der gewählte Beruf gewährt, man denkt daran, daß nur diese innere Freudigkeit es ist, welche die erfolgreiche Arbeit dauernd gewährleistet, und man überlegt häufig weder bei der Wahl selbst noch später, daß körperliches Unbehagen einen großen Einfluß auf die seelische Zufriedenheit üben kann, daß es eigentlich nicht der Charakter allein, die Summe der geistigen Eigenschaften ist, die für einen Beruf befähigen oder nicht, sondern daß auch gewisse körperliche Eigenschaften vorhanden sein müssen, um die erfolgreiche Arbeit dauernd zu ermöglichen.

Eigentlich ist es nicht wunderbar, daß die Wichtigkeit körperlicher Anlagen hier verkannt wird. Wir sehen ja so oft, daß auch in andern entscheidenden Momenten des Lebens der Gesundheitszustand keine große Beachtung findet, so z. B. bei der Eheschließung. Wie hier auf Schönheit, Liebreiz, angenehme Charaktereigenschaften, Geld, Stellung häufig mehr Gewicht gelegt wird als auf völlige körperliche Gesundheit, so zieht auch derjenige, der den Beruf wählt, oder seine Pfleger hauptsächlich den Verdienst, die Arbeitszeit, das Vorwärtskommen in Betracht, und nicht allzu häufig wird man es hören, daß der Betreffende sich selbst, oder daß seine Eltern und Pfleger ihn als körperlich ungeeignet für einen Beruf erklären. Bei dem 14jährigen Knaben, der sich den Beruf wählt, ist solche Unkenntnis erklärlich, solcher Unverstand begreiflich und er wird nicht leicht zu besiegen sein. Aber den Eltern sollte man in dieser Frage wenigstens ratend und warnend zur Seite stehen und sie darüber aufklären, daß für jeden Beruf gewisse körperliche Vorbedingungen erfüllt sein müssen, ohne die eine erfolgreiche Arbeit andauernd nicht geleistet werden kann. Der Staat selbst hat uns ein gutes Beispiel in dieser Richtung gegeben, und schon dieses sollte genügen, die Wichtigkeit der körperlichen Anlagen für den Beruf ins rechte Licht zu setzen. Soldat zu sein, ist auch ein Beruf, und der Staat stellt ganz bestimmte körperliche Anforderungen an diejenigen, die er zum Militärdienst für befähigt erachtet. Ja selbst in Staatsbetrieben, z. B. im Eisenbahnwesen, ist vielfach eine genügende körperliche Befähigung die Vorbedingung zur Aufnahme. Aus gutem Grunde gehen die Regierungen so vor: sie wollen ihre Ausgaben für Krankheit und Invalidität in mäßigen Grenzen halten. Der private Arbeitgeber ist sorgloser. Es soll nicht unerwähnt bleiben, daß er mitunter den Fabrikarzt zu Rate zieht. Aber im allgemeinen begnügt sich der Arbeitgeber mit einer flüchtigen Musterung des neueintretenden jugendlichen Arbeiters. Das äußere Ansehen, die Statur, vielleicht noch die Entwicklung der Muskeln und des Brustkorbs sind für den Arbeitgeber maßgebend, wie sie es schon für die Eltern waren, die den Knaben zu dem Berufe bestimmten. Daß trotzdem fehlerhafte Anlagen in den Sinnesorganen (Augen, Ohren 2c.), am Herzen usw. vorhanden sein können, die selbst durch eine flüchtige ärztliche Untersuchung häufig nicht festgestellt werden, das will mitunter weder dem Arbeitgeber noch den Eltern und dem Knaben selbst einleuchten. Freilich sollte man meinen, der private Arbeitgeber hätte ebenfalls ein Interesse daran, nur wirklich für die Arbeit körperlich geeignete Kräfte zu gewinnen. Aber die Freizügigkeit, der starke Wechsel im Arbeiterpersonal und schließlich die staatliche Versicherungsgesetzgebung haben viel dazu beigetragen, das persönliche Interesse des Arbeitgebers an dem jugendlichen Arbeitnehmer, der doch meist bald die erste Arbeitsgelegenheit wieder verläßt, zu mindern. Dem privaten Arbeitgeber fallen jetzt nur in seltenen Fällen die invaliden Arbeiter zur Last; die staatliche Fürsorge, die Alters- und Invaliditätsversicherung, tritt helfend ein. Daraus ergibt sich aber, daß gerade diese Genossenschaft ein starkes Interesse daran haben müßte, keine Berufswahlen zuzulassen, welche zu einer frühzeitigen Invalidität führen. Ebenso wie durch gewerbehygienische Maßnahmen, könnten auch durch Berücksichtigung der körperlichen Anlagen bei der Berufswahl den Versicherungsgenossenschaften große Ersparnisse erwachsen. Bei der Unfallversicherung hat man bereits eingesehen, daß es zweckdienlicher und billiger ist, Unfälle zu verhüten, als entstandene Unfälle zu heilen. Vielleicht kommt man auch bei der Invaliditätsversicherung einmal zu einer ähnlichen Überlegung und verwendet noch mehr von deren reichen Mitteln für vorbeugende Zwecke.

In den einschlägigen Büchern findet man bis jetzt wenig über die Anforderungen, welche in verschiedenen Berufen an die körperliche Tätigkeit des einzelnen gestellt werden, über die körperlichen Anlagen oder Fehler, welche das Ergreifen einzelner Berufe als unzweckmäßig oder selbst unmöglich erscheinen lassen. Erst kürzlich sind drei Bücher erschienen, welche alle Einzelheiten des „Ingenieur-, Offizier- und Elektrotechnikerberufes" darlegen. Selbst die Geschichte der Wissenschaften wird in ihnen behandelt, die Grenadiere des alten Dessauer marschieren in Abbildungen auf — aber von den körperlichen Anforderungen ist recht wenig die Rede. Wenn bei der Berufswahl der gebildeten Stände so wenig Rücksicht auf die körperliche Beschaffenheit genommen wird, kann man sich da wundern, daß die Minderbemittelten bei der Berufswahl vor allem den hohen Verdienst im Auge haben und nicht an die körperlichen Anlagen denken? Eigentlich haben sie freilich noch viel mehr Grund, sich vor einer falschen Berufswahl zu hüten wie die besser gestellten Klassen. Denn gerade für sie ist auch ein Berufswechsel schwerer, wenn einmal ihr größtes Kapital, die körperliche Leistungsfähigkeit, gemindert ist. Jedenfalls machen auch sie meist bei unrichtiger Berufswahl ein schlechtes Geschäft: Derjenige, welcher seinen Beruf falsch wählt, seine Körperkräfte nach irgendeiner Richtung überschätzt, sinkt eben auch rascher in seiner Erwerbsfähigkeit, und den wenigen Gewinn bringenden Jahren folgen lange Jahre herabgesetzter Leistungsfähigkeit mit geringeren Einnahmen.

Wer soll nun aber solche Berufswahlen verhüten, die sich als falsche erweisen, weil die körperlichen Anlagen des Betreffenden unzulängliche sind? Nach dem, was oben gesagt wurde, könnte man wohl daran denken, daß die Invaliditätsversicherung hier eintritt. Sie müßte die Kosten für eine genaue ärztliche Untersuchung, die sich vor allem auch auf die Sinnesorgane zu erstrecken hätte, übernehmen: einer solchen müßte sich jeder jugendliche Arbeiter unterziehen, der in Berufe eintreten will, welche besondere Anforderungen an den Körper stellen. Aber so weit sind wir noch nicht mit unserer Gesetzgebung, und die Ärzte müssen froh sein, wenn ihre Warnungen wenigstens zu den Ohren der Eltern und Kinder dringen. Da, wo Schulärzte angestellt sind, fällt diesen die Aufgabe zu, beim Austritt der Kinder aus der Schule ihren Rat in bezug auf die Berufswahl zu erteilen. Diese höchst zweckmäßige Anordnung ist z. B. in Wiesbaden getroffen.

Aber leider hat man sich selbst in allen großen Städten noch nicht zur Anstellung von Schulärzten entschlossen, deren Tätigkeit gerade auch nach dieser Richtung eine so fruchtbringende sein könnte. Hausärzte, die ratend den Eltern zur Seite stehen könnten, gibt es selbst im Mittelstande nur noch wenige. Dem vielbeschäftigten Kassenarzt kann man unmöglich zumuten, seine bei meist schlechter Bezahlung überlastete Tätigkeit auch noch nach dieser Richtung hin auszudehnen. So zeigt sich auch hier, wie wenig gut man daran getan hat, durch die Gesetzgebung und aus einer gewissen Überhebung die soziale Stellung des Arztes herabzudrücken und das Verhältnis des Arztes zu seinen Patienten und deren Familie zu einem immer oberflächlicheren zu gestalten. Aber die Ärzte sollten trotzdem in der wichtigen Frage der Berufswahl ihre Meinung und ihren Rat dem großen Publikum nicht vorenthalten. Dazu bleibt ihnen nach Lage der Dinge heute wenigstens noch der Weg der gedruckten Belehrung offen. Diese Erwägungen haben die Veranlassung gebildet, eine Anzahl Fachmänner zu ersuchen, in einer Reihe von Artikeln ihre ärztlichen Erfahrungen über „Berufswahl und körperliche Anlagen" zu veröffentlichen.

Es werden gewiß nicht entfernt alle falschen Berufswahlen durch solche Belehrungen verhütet werden können: *die allgemein gehaltene Belehrung hat nie den Wert wie die genaue ärztliche Untersuchung des einzelnen Falles.* Aber wenn nur einige Eltern und Pfleger solchen warnenden Stimmen folgen, nur einige Menschenleben vor frühzeitigem Alter, vorzeitiger Erwerbsunfähigkeit und damit — vor Unglück und Unzufriedenheit bewahrt bleiben, so soll das schon als ein lohnender Gewinn betrachtet werden.

Zur 4. Auflage.

Seit dem Erscheinen der ersten Auflage unseres Büchleins hat sich eine rege literarische Produktion auf dem behandelten Gebiete entwickelt. War unser kleines Werk noch ein **erster** Versuch, so hat er jedenfalls sehr anregend gewirkt und zahlreiche kleinere und größere Schriften, herausgegeben von Schulmännern, Ärzten und gemeinnützigen Vereinen, haben inzwischen den gleichen Gegenstand behandelt. Aber auch tatsächliche Erfolge sind zu verzeichnen: die Gesetzgebung, die beruflichen Organisationen, haben in verschiedenen Ländern für einzelne Berufsgruppen die ärztliche Untersuchung vorgeschrieben. Mehr und mehr haben auch die Schulärzte die Berufswahl von ihrem Standpunkte aus zu beeinflussen gesucht. Aber namentlich für die Aufklärung des Publikums über die Gefahren einer falschen Berufswahl bleibt noch viel zu tun übrig. Gemeindebehörden, Lehrer und Ärzte in diesem Bestreben zu unterstützen, ist der Wunsch, der uns, nachdem drei Auflagen vergriffen waren, zur Neubearbeitung veranlaßt hat. Wir haben uns bei der Neugestaltung selbstverständlich auch die literarischen Erfahrungen der letzten Jahre zunutze gemacht, vor allen Dingen aber uns für die Herausgabe die **sachverständigste** Mitarbeit, nämlich die des **ärztlichen Beraters der Gewerbeaufsichtsbehörde** gesichert.

Die Berufswahl bei Störungen und Fehlern im Knochensystem und den Gelenken.

Von Professor Dr. Fritz Lange-München.

Die Knochen bilden das Gerüst des menschlichen Körpers. Unser Körper wäre weich wie der Leib eines Wurmes, wir würden uns nur am Boden kriechend fortbewegen können, und jedes Stehen, Gehen oder Sitzen wäre unmöglich, wenn nicht die Knochen unserem Körper den festen Halt geben würden.

Das menschliche Skelett besteht aus fast 200 einzelnen Knochen. Diese große Zahl zeigt, wie reichgegliedert unser Knochensystem ist; doch ist es für unseren vorliegenden Zweck nicht notwendig, auf jeden Knochen und jede Gelenkverbindung näher einzugehen. Nur über die Konstruktion des Knochengerüstes im ganzen muß man sich klar sein.

Ein Vergleich wird die einschlägigen Verhältnisse am besten veranschaulichen: Die Beine bilden beim stehenden Menschen gewissermaßen zwei Säulen (a und b Fig. 1), auf welchen das Becken (c) ruht. Dasselbe ist in Wirklichkeit ein kompliziert gebauter Knochenring, aber es hat beim Gehen, Sitzen und Stehen nur die Bedeutung eines

Querbalkens, welcher die beiden Säulen der Beine verbindet. Auf der Mitte des Beckens erhebt sich die Wirbelsäule, welche aus 32 Knochen besteht und welche einem nach allen Richtungen beweglichen und außerordentlich festen und widerstandsfähigen Stabe gleicht. Auf dieser elastischen Wirbelsäule ruht einmal der Kopf, dann hängt an ihr die Last der Schultern und der Arme und endlich das ganze Gewicht des Brustkorbes, des Rumpfes und der Bauchorgane. Diese gewaltige Last muß von der Wirbelsäule getragen und balanciert werden. Bedenkt man, daß bei der Tagesarbeit im täglichen Leben der Wirbelsäule außerdem oft noch Lasten von ein bis zwei Zentnern aufgebürdet werden, so geht daraus zur Genüge hervor, wie fest gebaut unsere Wirbelsäule ist und welche Bedeutung eine kräftige Wirbelsäule für die lastentragenden Menschen hat.

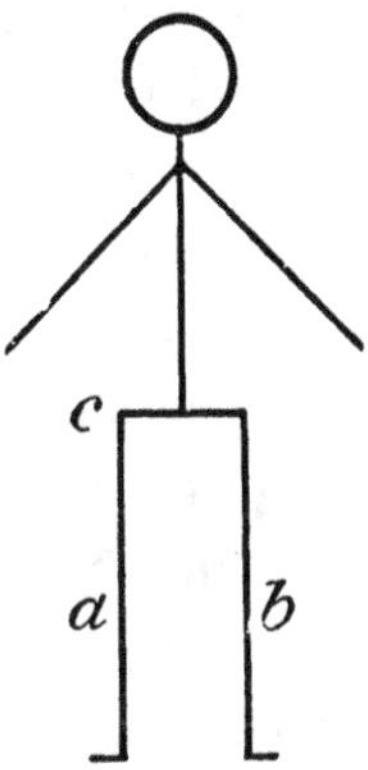

Fig. 1

An allen Stellen, wo zwei Knochen zusammenstoßen, also z. B. am Knie oder am Ellenbogen, finden sich **Gelenke**. Die Bedeutung der Gelenke aus dem alltäglichen Leben ist bekannt. An jedem Taschenmesser befindet sich ein Gelenk, welches die Stahlklinge mit der Hornscheide verbindet, aber gleichzeitig eine Bewegung des Messers im gewissen Sinne und in gewissen Grenzen gestattet.

Dieselbe Aufgabe hat ein Gelenk am menschlichen Körper. Es besteht in der Regel aus einem festen, sehnenähnlichen Schlauch, den man

Fig. 2.

Gelenkkapsel nennt. Auf jeder Seite ragt in das Innere dieses Schlauches ein Knochenstück hinein, welches gleichzeitig mit der Innenwand des Gelenkschlauches fest verwachsen ist (Fig. 2). Durch besondere Formung der knöchernen Gelenkenden und durch besondere in die Gelenkkapsel eingesprengte straffe Züge (sogenannte Gelenkbänder) wird erreicht, daß am einzelnen Gelenk die Bewegung nur in einer gewissen Richtung und nur bis zu einer bestimmten Grenze möglich ist.

Die Gelenke ermöglichen die Beweglichkeit der Knochen gegeneinander und sichern die Richtigkeit und Regelmäßigkeit der Bewegungen; ausgeführt aber wird die Bewegung der Knochen durch die Muskeln. — Der Stoff, aus dem ein Muskel sich aufbaut, ist bekannt. Alles Fleisch, das wir täglich genießen, besteht aus Muskelsubstanz, und genau wie die roten Muskeln des Rindes und anderer Schlachttiere sehen auch die Muskeln des Menschen aus.

Fig. 3.

Die wichtigste Eigenschaft des lebenden Muskels ist die Kontraktilität. Dank dieser Fähigkeit zieht sich der Muskel bei der Arbeit wie elastischer Gummi zusammen. Er wird dadurch kürzer und bewirkt eine Bewegung der Knochen zueinander.

Auch das wird an einem Beispiel am schnellsten klargelegt. Am Oberarmknochen I ist ein Muskel, der aus einem 20 cm langen Fleischbündel besteht, mit seinem oberen Ende fest angewachsen. Der Muskel zieht über das Ellbogengelenk hinweg und ist mit seinem unteren Ende am Unterarmknochen II ebenfalls fest verwachsen (Fig. 3). In der Ruhe ist der Muskel schlaff und lang, und der Unterarm hängt infolgedessen gerade herab (Fig. 3). Wenn sich der Muskel zusammenzieht und dadurch kürzer wird, bewegt sich der Knochen des Unterarmes im Ellbogengelenk, und der Arm wird im Ellbogen gebeugt, je nach dem Grad der Verkürzung des Muskels bis zu einem rechten oder einem spitzen Winkel (Fig. 4). In ähnlicher Weise wird jede Bewegung in jedem Gelenke von einem besonderen Muskel besorgt.

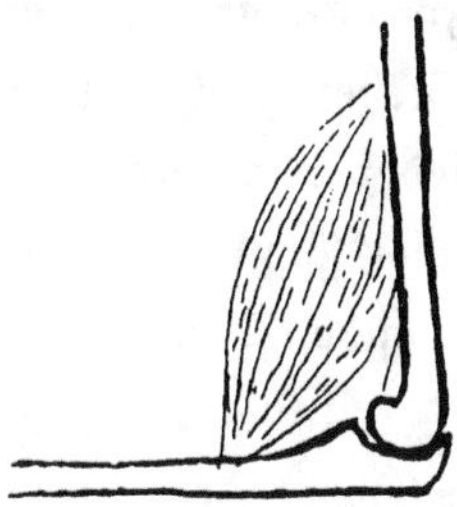

Fig. 4.

Die weitere Aufgabe der Muskeln ist, die *feste Stellung der Knochen gegeneinander beim stehenden oder aufrecht sitzenden Menschen zu sichern.* Beim *militärischen Stehen* mit durchgedrückten Knien sind z. B. die Muskeln auf der Vorder- und Rückseite des Kniegelenkes, welche Ober- und Unterschenkelknochen miteinander verbinden, in angestrengtester Tätigkeit, um ein Zusammenklappen der Beine im Kniegelenk zu verhüten, und beim *Sitzen in strammer Haltung* ohne Lehne ist die Wirbelsäulenmuskulatur in voller Arbeit, um ein Sinken des Rumpfes nach vorn oder nach der Seite zu verhindern.

Nun ist aber *die ununterbrochene Anspannung eines Muskels* außerordentlich ermüdend. Die meisten Menschen vermögen nicht, den ausgestreckten Arm länger als eine Minute frei horizontal zu halten, und wie anstrengend und schmerzend das Stehen bei Anspannung aller Muskeln ist, weiß jeder, der Soldat gewesen ist und bei einer großen Parade oder ähnlichen Gelegenheit sehnsüchtig auf das Kommando „Rührt Euch" gewartet hat.

Unbewußt strebt deshalb der Mensch beim längeren Stehen oder Sitzen, mit möglichst wenig Mus-

Fig. 5.

Fig. 6.

kelarbeit auszukommen, und er nimmt dabei Haltungen an, die wir als Ermüdungsstellung bezeichnen.

Auch das erkläre ein Beispiel deutlicher! Beim gerade sitzenden Menschen wird die Wirbelsäule durch energische Muskeltätigkeit festgehalten, und ihre Profillinie zeigt bei dieser sogenannten „strammen Haltung" einen dreifachen Bogen, wie bei Fig. 5. Ermüdet man oder schläft man im Sitzen, z. B. bei langen Eisenbahnfahrten, ein, so sinkt die Wirbelsäule zusammen, und ihre Profillinie bildet dann einen einzigen, nach vorn konkaven Bogen (Fig. 6). In dieser letzteren Stellung wird fast gar keine Muskelarbeit gebraucht; die vorderen Partien der einzelnen Wirbelknochen pressen sich dabei gegeneinander, während die hinteren Teile der Wirbelknochen sich so weit voneinander entfernen, bis sich die an der Rückseite der Wirbelsäule von Wirbel zu Wirbel ziehenden Gelenkbänder anspannen und ein weiteres Zusammensinken der Wirbelsäule verhüten. Die Ermüdung, die sonst bei ununterbrochener Anspannung der Muskulatur auftritt, fällt weg, und deshalb kann eine solche Stellung stundenlang ohne Beschwerde eingehalten werden.

Ähnliche Ermüdungsstellungen gibt es für die Hüfte, das Knie- und das Fußgelenk. *Ihnen allen gemeinsam ist, daß an Stelle der anhaltenden Muskelanspannung, welche den Menschen ermüdet, gewisse Partien der Gelenkkapsel in Spannung versetzt werden*, und daß durch diese Anspannung der Gelenkbänder die betreffenden Knochen in einer bestimmten Stellung festgehalten werden.

Die *Gefahr dieser Ermüdungsstellung* liegt darin, daß schwache Gelenkbänder unter dem Einfluß der fortgesetzten Anspannung lockerer und länger werden. Das Gelenk verliert dadurch an Festigkeit. Findet die schädliche Einwirkung trotzdem noch weiter statt, so verbiegen sich die benachbarten Knochen, und schließlich entstehen aus einer scheinbar geringfügigen Anlage von Knochen- und Gelenkschwäche schwere Knochenveränderungen, durch welche jahraus, jahrein zahllose junge Menschen zu Krüppeln werden, und durch welche die Erwerbsfähigkeit derselben schwer beeinträchtigt oder ganz vernichtet wird.

Diese Leiden, für deren Entstehung und Verhütung die Berufswahl von ausschlaggebender Bedeutung ist, sind der runde Rücken, die seitliche Wirbelsäulenverbiegung, die X-Beine und die Plattfüße.

Von einem runden Rücken spricht man, wenn die Wirbelsäule dauernd in der durch Fig. 6 wiedergegebenen Ermüdungsstellung gehalten wird. Die Anlage zum runden Rücken findet sich namentlich beim männlichen Geschlecht im zweiten Jahrzehnt des Lebens sehr häufig.

Ergreift nun ein solcher junger Mann einen Beruf, bei dem er den ganzen Tag vornüber gebückt sitzen muß, wie z. B. den der Uhrmacher, Feinmechaniker, Schneider, Schreiber, Zeichner, Optiker, oder einen Beruf, der ihn zwingt, schwere Lasten auf dem Rücken zu tragen, wie z. B. Auflader, Stein- oder Kohlenträger, Müller ꝛc., so verschlimmert sich der runde Rücken von Jahr zu Jahr, und schließlich kommt jene Form zustande, die wir bei alten Leuten so häufig sehen, bei welcher die Wirbelsäule in einem runden Bogen völlig versteift ist, und bei der weder durch den festesten Willen noch durch Gymnastik oder ein Korsett etwas an der Haltung geändert werden kann. Dieses Leiden ist um so ernster zu nehmen, als es nicht nur einen Schönheitsfehler darstellt, sondern selbst ernste Beschwerden und Gefahr für das Leben herbeiführt, da bei dieser Stellung der Wirbelsäule die Brust und Bauchorgane zusammengedrückt werden.

Eine andere Krankheit, welche im Anschluß an Knochen- und Gelenkschwäche sehr häufig entsteht, stellen die seitlichen Wirbelsäulenverkrümmungen dar. Auch dieses Leiden entsteht vorwiegend unter dem Einfluß der gewohnheitsmäßigen Ermüdungsstellung, wie sie besonders beim Schreiben leicht eingenommen wird. Wenn die Kinder sich beim Schreiben mit dem rechten Arm auf die Tischplatte aufstützen, so stellt sich die Wirbelsäule in einen rechts konvexen Bogen ein. Auch diese Stellung wird vorwiegend durch Anspannung von Gelenkbändern gesichert, und zwar von denjenigen, welche an der rechten Seite der Wirbelsäule verlaufen, und führt mit der Zeit zu Leiden, welche man als hohe Schulter, hohe Hüfte, seitliche Wirbelsäulenverkrümmung bezeichnet (Fig. 7).

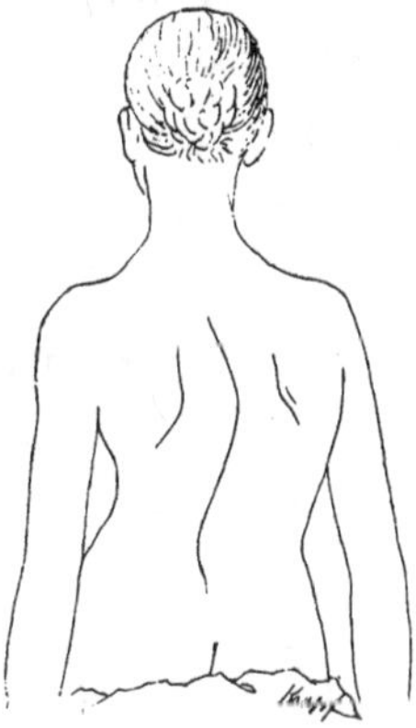

Fig. 7.

Für junge Menschen, die eine Anlage zu seitlichen Wirbelsäulenverbiegungen zeigen, sind in erster Linie die Berufe gefährlich, die vorwiegend Arbeiten bei seitlich gebogener Rumpfstellung verlangen, wie der des Schreiners und des Schreibers; ferner sind auch die Berufe zu meiden, bei denen anhaltendes Sitzen erfordert wird, weil bei dem langen Sitzen die Wirbelsäule immer wieder in die krankhafte Ermüdungsstellung auf die Seite sinkt. Es muß deshalb vor denselben Berufen, die beim runden

Rücken als schädlich erwähnt wurden, auch bei den seitlichen Wirbelsäulenverbiegungen gewarnt werden. Da die seitlichen Wirbelsäulenverkrümmungen besonders beim weiblichen Geschlechte vorkommen, sei noch der Beruf der Näherin, Stickerin, Schneiderin, Büglerin, Kassiererin und Blumenbinderin als besonders schädlich hervorgehoben.

Dagegen sind Berufe zu empfehlen, die eine Abwechslung zwischen Sitzen, Stehen und Gehen gewähren und den Aufenthalt in frischer Luft gestatten. Der geeignetste Beruf für derartig beanlagte Mädchen ist deshalb der als Kindermädchen, Kindergärtnerin oder Erzieherin; die gesunde Lebensweise, welche sie dabei im Interesse der ihnen anvertrauten Kinder führen müssen, kommt solchen Mädchen zugute. Daß sie kleine Kinder nicht herumtragen sollen, ist ihnen selbstverständlich ihrer selbst sowohl als der Kinder wegen zu verbieten, weil sie durch das einseitige Tragen sich selbst und noch mehr die kleinen Kinder schädigen. — In zweiter Linie kommt der Beruf als Ladnerin in ruhigen Geschäften in Frage.

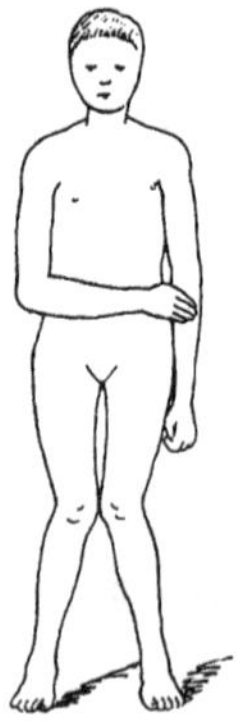

Fig. 8.

Die X-Beine (Fig. 8) und Plattfüße (Fig. 9) können gemeinsam behandelt werden, da beide Leiden durch die Ermüdungsstellungen, welche beim Stehen angenommen werden, sich entwickeln. Junge Leute, die Anlage zum X-Bein oder Plattfuß zeigen, müssen deshalb von Berufen fernbleiben, welche ununterbrochen langes Stehen erfordern. Mit Recht berüchtigt sind in dieser Hinsicht die Berufe als Schlosser, Bäcker, Dienstmann, Kellner und Kellnerinnen, Ladendiener und Ladnerinnen, Portier, Hausknecht 2c. Zugänglich dagegen sind diesen Patienten alle Berufe, welche den mit runden Rücken oder seitlichen Wirbelsäulenverbiegungen Behafteten verboten sind.

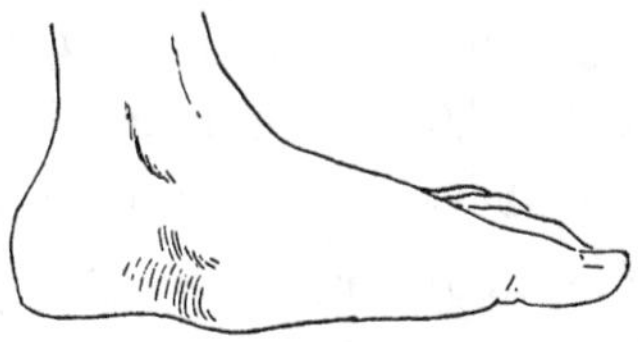

Fig. 9.

Auf diese Weise erleichtert sich für junge Menschen mit schwachen Knochen und Gelenken die Berufswahl. Wir verhehlen uns nicht, daß die Warnung vor gewissen Berufen für solche Leute nur einen Notbehelf in der jetzigen Zeit bilden kann. Die Aufgabe der Zukunft muß sein, durch eine zweckmäßige Erziehung, welche neben der Bildung des Geistes auch die Pflege des Körpers verfolgt, diese Leiden zu verhüten oder doch baldmöglichst durch eine sachgemäße Behandlung, die auch den Unbemittelten zugänglich sein müßte, zu heilen.

Zusammenfassung:

1. Bei schwacher Rückenmuskulatur, schlechter Haltung und rundem Rücken sind Berufe, die viel Sitzen in vornübergebückter Stellung erfordern, wie z. B. der Beruf des Uhrmachers, des Feinmechanikers, des Schneiders, des Schreibers, des Zeichners, des Optikers, der Näherin, der Stickerin, der Schneiderin, der Blumenbinderin 2c.

nicht zu empfehlen. Auch von Berufen, die das Tragen schwerer Lasten erfordern, z. B. von dem Beruf der Auflader, der Stein- und Kohlenträger, der Müller rc. ist abzuraten.

Wenn trotz der Neigung zu schlechter Haltung ein solcher Beruf ergriffen wird, so ist einer Verschlechterung vorzubeugen durch täglich ausgeführte orthopädische Turnübungen. Diese Übungen müssen vom Arzt einmal bestimmt und gezeigt werden.

2. Bei seitlichen Wirbelsäulenverbiegungen, bei der hohen Schulter und der hohen Hüfte sind Arbeiten bei seitlich gebogener Rumpfstellung, z. B. das Hobeln, das Bügeln, schädlich. Deshalb sind solche Berufe bei Anlage zu seitlichen Wirbelsäulenverbiegungen zu vermeiden. Im übrigen gilt alles, was unter 1 gesagt ist, auch hier.

3. Bei Anlage zu X-Beinen und Plattfüßen sind Berufe, die vieles Stehen erfordern, zu vermeiden.

Schädlich ist deshalb der Beruf als Schlosser, Bäcker, Dienstmann, Kellner, Kellnerin, Kaufmann, Ladnerin, Portier, Hausknecht rc.

Erlaubt sind solchen Patienten im allgemeinen solche Berufe, die bei schlechter Haltung nicht zu empfehlen sind.

Brustorgane und Berufswahl.

Von Professor Dr. Hans Neumayer-München.

Herz und Lunge werden, was Arbeitsleistung anbelangt, unter sämtlichen Organen des Körpers am meisten in Anspruch genommen. Selbst wenn der ganze übrige Körper der Ruhe pflegen kann, müssen diese beiden Organe immer unermüdlich weiter arbeiten; denn von ihrer beständigen Tätigkeit hängt das Leben des ganzen Organismus ab. Die von diesen Organen geforderte Arbeitsleistung erfährt aber sehr häufig noch wesentliche Steigerungen. Wenn nämlich irgendein anderes Organ in Tätigkeit tritt, so ist damit immer eine vermehrte Tätigkeit von Herz und Lunge verbunden. Ganz besonders deutlich tritt aber der Einfluß auf Herz und Lunge bei körperlicher Anstrengung hervor. Das Herz schlägt dabei schneller und kräftiger, die Atmung wird rascher und tiefer. Diese erhöhte Tätigkeit von Herz und Lunge ist dadurch bedingt, daß die arbeitende Muskulatur eine größere Menge von Ernährungsmaterial und von Sauerstoff braucht wie in der Ruhe, und um diesem Bedürfnisse gerecht zu werden, muß das Herz den Zufluß des Blutes, welches der Träger des Nährmateriales und des Sauerstoffes ist, nach den Muskeln durch vermehrte Tätigkeit steigern, während gleichzeitig die Lunge durch beschleunigte und vertiefte Atmung eine größere Sauerstoffaufnahme in das Blut möglich macht.

Durch solche erhöhte Inanspruchnahme werden Herz und Lunge naturnotwendig allmählich abgenutzt, und es ist das Absinken ihrer Leistungsfähigkeit um so eher zu erwarten, wenn diesen Organen eine übergroße Arbeit zugemutet wird, oder wenn diese Organe von vornherein durch Erkrankung weniger leistungsfähig sind.

Aus diesem Grunde ist ein vernünftiges Haushalten mit den Kräften unserer so wichtigen Brustorgane ein Gebot der Selbsterhaltung, welches vor Inangriffnahme einer Arbeit immer eine Abschätzung des Könnens verlangt. Derartige Überlegungen sind aber besonders notwendig, wenn man an die Wahl seiner Lebensarbeit, an die Berufswahl herantritt. Es ist eine allbekannte Tatsache, daß gewisse Berufe besonders große Anforderungen und Schädlichkeiten für die Brustorgane des Arbeiters mit sich bringen, und daß infolgedessen unter den Arbeitern dieser Berufe Krankheiten der Brustorgane viel häufiger zur Beobachtung gelangen wie in anderen Berufen. Es wäre aber vollkommen verfehlt, diese Berufe ausschließlich für die gefährlichen Folgen, die mit ihrer Ausübung so oft verbunden sind, verantwortlich zu machen; es ist vielmehr zu berücksichtigen, daß sich viele Arbeiter bei der Wahl ihres Berufes nur durch die Neigung, welche sie zu einer bestimmten Beschäftigung hegen oder durch die materiellen Vorteile, welche ein Beruf zu bieten scheint, leiten lassen und niemals in Erwägung ziehen, ob ihre körperlichen Kräfte zur Erfüllung dieses Berufes genügen, ob jene

Organe, die bei Ausübung des gewählten Berufes besonderen Schädigungen ausgesetzt sind, auch vollkommen gesund sind. Wenn jemand gerade Glieder und gesunde Sinne hat, so erscheint er für jeden Beruf geeignet, um die Beschaffenheit der viel wichtigeren inneren Organe kümmert sich in der Regel niemand. In manchen Fällen mag eine so getroffene Berufswahl glücken, bei sehr vielen Personen führt aber diese Kurzsichtigkeit zu frühem Siechtum.

Solchen Mißgriffen kann nur dadurch begegnet werden, daß vor der Berufswahl ärztlicher Rat erholt wird, namentlich dann, wenn Verdacht besteht, daß so wichtige Organe, wie Herz und Lunge, krank sind oder auch nur eine Anlage zu Erkrankungen besitzen. Verdacht auf eine Herzerkrankung besteht stets, wenn Beschwerden vorhanden sind, die sich eben sehr häufig bei Herzerkrankungen einzustellen pflegen. Als solche sind vor allem zu nennen Herzklopfen und Atemnot, wenn sie schon bei geringfügiger körperlicher Anstrengung auftreten. Ferner klagen Herzkranke mitunter über Druckgefühl auf der Brust, im besonderen in der Gegend des Brustbeines oder des Herzens, über brennende oder stechende Schmerzen in der linken Brustseite, über Blutwallungen nach dem Kopfe, Nasenbluten, Gefühl von Müdigkeit, über Unvermögen auf der linken Seite zu liegen. Mit größerer Wahrscheinlichkeit muß eine Herzerkrankung angenommen werden, wenn sich nach längerem Stehen oder stärkerer Anstrengung Schwellungen an den Beinen ausbilden, die in der Ruhe wieder verschwinden, wenn sich Blaufärbung der Lippen und Hände einstellt, wenn der Herzschlag unregelmäßig ist. Sehr viele leichtere Herzerkrankungen und manchmal auch schwere verlaufen mitunter längere Zeit ohne irgendwelche Beschwerden für den Träger, und dann besteht große Gefahr, daß die betreffenden Personen, im Glauben, ein vollkommen gesundes Herz zu besitzen, sich jeder körperlichen Anstrengung unterziehen. In solchen Fällen läßt sich meistens feststellen, daß schon früher eine Erkrankung des Herzens oder andere Krankheiten, die sehr oft das Herz in Mitleidenschaft zu ziehen pflegen, überstanden wurden. Der Krankheitsprozeß am Herzen ist vielleicht längst abgelaufen; durch denselben sind aber entweder an der Muskulatur des Herzens oder an dem Klappenapparate dauernde Veränderungen gesetzt worden, welche die gleichmäßige Tätigkeit des Herzens und den gleichmäßigen Blutumlauf im Körper beeinträchtigen.

Zu den Erkrankungen, die häufig eine Schädigung des Herzens im Gefolge haben, sind vor allem diejenigen zu rechnen, welche mit Fieber einhergehen, und unter diesen müssen zunächst die sogenannten Kinderkrankheiten, Masern, Scharlach, genannt werden. Lungenentzündung, Typhus, Rotlauf, Influenza, Diphtherie und andere fieberhafte Halsentzündungen bergen sämtlich mehr oder weniger große Gefahr für das Herz in sich. Als besonders gefährlich muß aber der Gelenk- und Muskelrheumatismus bezeichnet werden, der bei der Häufigkeit seines Vorkommens in einem sehr hohen Prozentsatze der Herzfehler als Ursache anzusehen ist.

Wenn demnach eine oder sogar mehrere der eben angeführten Krankheiten in früheren Jahren überstanden wurden, so ist immer, auch wenn keine Beschwerden empfunden werden, eine ärztliche Untersuchung vor der Berufswahl dringend geboten.

Welche Berufsarten sind nunmehr demjenigen, der eine Herzerkrankung aufweist, verschlossen, welche sind zu empfehlen?

Aus dem bisher Gesagten geht schon hervor, daß alle jene Berufe als ungeeignet zu bezeichnen sind, welche bei ihrer Ausübung einen großen Kraftaufwand erfordern. Hierher sind zu rechnen die groben technischen Gewerbe, welche sich mit der Bearbeitung der Rohmaterialien — Stein, Metall, Holz — befassen, so das Baugewerbe und das Transportgewerbe, bei dem die Beförderung von Lasten große Kraftanstrengungen notwendig macht. Es sind auch hier zu erwähnen jene Berufsarten, bei denen nur einzelne Muskelgruppen der Arme oder Beine in besonders hohem Grade angestrengt werden; dies ist der Fall bei Ausgehern, Briefträgern, Radfahrern, Goldschlägern.

Als geeignete Berufsarten sind hingegen zu bezeichnen alle feineren technischen Gewerbe, ferner das Handelsgewerbe und die Bureautätigkeit.

Es soll aber durch den Hinweis auf die Schädlichkeit schwerer körperlicher Anstrengungen nicht gesagt sein, daß für Herzkranke alles Heil in der Vermeidung einer jeglichen Anstrengung zu suchen ist; im Gegenteil, es soll sogar immer darauf gesehen werden, daß namentlich solche Personen, die eine sitzende Beschäftigung wählen, durch regelmäßige Körperbewegung — Spazierengehen, Hausgymnastik, körperliche Beschäftigung im Hause, im Garten — ihre Muskulatur mäßig anstrengen und damit auch das Herz zeitweise zu vermehrter Tätigkeit anregen. Wird nämlich jegliche Muskelanstrengung vermieden, so treten mit der Zeit am Herzen Veränderungen auf, welche die bisher vorhandene Leistungsfähigkeit immer mehr herabsetzen: Es kommt zu einem vermehrten Fettansatz im ganzen Körper und auch am Herzen, der das Gewicht des Körpers so vermehrt, daß jede Bewegung für das kranke Herz eine große Arbeitsleistung bedeutet und Beschwerden auslöst.

Wie für das Herz, so lassen sich auch für die Lunge eine Reihe von Gesichtspunkten aufstellen, welche bei der Wahl des Berufes leitend sein sollen und die dadurch eine erhöhte Bedeutung gewinnen, daß gerade das Alter, in dem die Berufswahl erfolgt — das ist das jugendliche —, durch Lungenerkrankungen und vor allem durch die Lungenschwindsucht in höchstem Grade gefährdet ist. In diesem Alter nehmen sehr häufig Lungenerkrankungen ihren Anfang und ist auch in der Regel der Verlauf ein sehr ernster.

Ähnlich wie beim Herzen können wir auch bei der Lunge die Beobachtung machen, daß ein bereits bestehender Krankheitsprozeß sehr häufig verkannt oder unterschätzt wird, und daß ferner Erkrankungen, die in früheren Jahren überstanden wurden, eine gewisse Schwäche und Neigung zu erneuten Erkrankungen der Lunge zurücklassen. Bei der Lunge besteht außerdem noch eine große Gefahr, die in der erblichen Belastung wurzelt. Personen, die aus Familien stammen, welche lungenkranke — schwindsüchtige — Mitglieder aufweisen, erkranken, wenn diese oder jene Schädlichkeit hinzukommt, viel leichter wie die Abkömmlinge gesunder Familien. Eine erbliche Belastung muß aber auch noch angenommen werden, wenn in der Familie Drüsenleiden, Knochen- oder Gelenkeiterungen, Gehirnhautentzündung beobachtet wurden. Alle diese Erkrankungen werden nämlich in sehr vielen Fällen durch dieselbe Krankheitsursache wie die Lungenschwindsucht, durch den Tuberkelbazillus, hervorgerufen; die Krankheit wechselt gewissermaßen nur den Platz, wenn sie einmal in den Drüsen, ein anderes Mal in der Lunge ꝛc. sich festsetzt. Sehr viel größer ist natürlich die Gefahr einer Erkrankung, wenn das betreffende Individuum selbst bereits in früheren Jahren an Lungenentzündung, Brustfellentzündung, Spitzenkatarrh, Keuchhusten gelitten, Eiterungen an Knochen ꝛc. durchgemacht hat, oder wenn diese Prozesse noch nicht zur Abheilung gelangt sind. Aber auch wenn diese Bedingungen nicht vorliegen, so kann doch eine Erkrankung der Lunge durch andere Momente begünstigt werden. Als solche sind anzuführen Störungen der Ernährung durch langandauernde Magen- oder Darmleiden, Störungen in der Blutbildung, häufige Katarrhe der oberen Luftwege, der Nase, des Rachens, des Kehlkopfes und mangelhafte Entwicklung des Brustkorbes. In allen diesen Fällen muß bei der Berufswahl Rücksicht auf den Körper genommen und in zweifelhaften Fällen unbedingt ärztlicher Rat erholt werden.

Ist eine Anlage zu Erkrankungen der Lunge vorhanden, so sind für die betreffende Person alle jene Berufe als schädlich zu bezeichnen, welche den Arbeiter zum Aufenthalt in geschlossenem, schlecht ventilierten Räumen zwingen, und welche bei ihrer Ausübung eine Staubentwicklung im Gefolge haben.

Um die Lunge gesund zu erhalten, ist nichts notwendiger wie frische Luft. Der Aufenthalt in geschlossenen Räumen verweichlicht den ganzen Körper, im besonderen aber die Atmungsorgane, und hat zur Folge, daß solche Personen für Erkältungskrankheiten sehr empfänglich werden und namentlich große Neigung zu Katarrhen der Atmungswege — Nase, Rachen, Kehlkopf — und auch der Lunge zeigen. Außerdem kommt noch in Betracht, daß die Luft in solchen Räumen verdorben ist und infolgedessen die Ernährung und Blutbildung zurückgeht. Eine sehr große Schädlichkeit ist aber in dem Staube gelegen, der mit der Atemluft in die Lunge gelangt, und der in geschlossenen Wohnräumen durchweg in größerer Menge eingeatmet wird wie in freier Luft. Der schädliche Einfluß des Staubes ist in zwei Ursachen zu finden. Der Staub kann die zarte Auskleidung des Inneren der Lunge einmal dadurch gefährden, daß er mechanisch kleine Verletzungen setzt. In dieser Beziehung ist am meisten zu fürchten Metall- und Steinstaub, welcher durch seine scharfen Kanten am leichtesten Verletzungen bringt, und der Staub von ätzenden Chemikalien; weniger gefährlich ist der Staub, der bei Bearbeitung von Holz, Wolle, Haaren entsteht. Der Staub wird aber seine größte Gefährdung zweitens dann entfalten, wenn er Krankheitskeime (Bakterien) enthält, die in der Lunge einen geeigneten Boden für ihre Entwicklung finden.

Hieraus ergibt sich, daß Personen, welche eine kranke Lunge haben oder erblich belastet sind, namentlich von sogenannten Staubgewerben, wie Metalldreherei, Bronzearbeiten, Feilenhauer-, Stein- und Bildhauerei-Arbeiten, von Arbeiten in Gips- und Zementmühlen, ferngehalten werden müssen. Ebenso sind zu vermeiden Beschäftigungen in der Bekleidungsindustrie (Schneider, Schuster, Arbeiter in Spinnereien und Webereien), gewisse Berufe in der Nahrungsmittelindustrie, wie Müller, Bäcker. Auch eine Tätigkeit in chemischen Fabriken und Laboratorien, in elektrotechnischen Betrieben ist mit Vorsicht und Einschränkung aufzunehmen. Berufe, welche große klimatische Schädlichkeiten mit sich bringen, sind selbstverständlich für Personen ungeeignet, die fortwährend mit Katarrhen, Hals- und Lungenentzündungen zu kämpfen haben.

Ferner sind Berufe zu widerraten, bei denen eine große Anstrengung der Lunge gefordert wird, wie es z. B. bei Glasbläsern, beim Blasen von Musikinstrumenten notwendig ist. Bei solchen Personen bildet sich nämlich allmählich eine Erweiterung der Lunge aus, die ihrerseits schon Atemstörungen und außerdem noch für Schwindsucht empfänglich macht. Endlich sind Berufe, die eine starke Inanspruchnahme der Stimme verlangen, wie es im Lehrberuf oder beim Singen der Fall ist, zu widerraten.

Der gefährlichste Beruf ist aber die Krankenpflege und im besonderen die Pflege von Lungenkranken — Schwindsüchtigen. Der Krankenpfleger ist fortwährend in einer Luft, welche Krankheitskeime und bei der Pflege von

Schwindsüchtigen die Erreger der Schwindsucht, die Tuberkelbazillen, verstäubt enthält. Mit jedem Atemzuge werden der Lunge Krankheitserreger zugeführt, und es läßt sich daraus die große Gefahr bemessen, in der sich selbst ein vollkommen gesundes Individuum befindet. Haben wir aber einen Pfleger vor uns, der durch Nachtwachen geschwächt ist, der unter dem Einfluß der Zimmerluft in seiner Ernährung zurückging, der aus einer belasteten Familie stammt, so ist eine Ansteckung fast mit Bestimmtheit zu erwarten.

Personen, welche eine ererbte oder erworbene Schwäche der Lunge vermuten lassen, oder bei denen die ärztliche Untersuchung sogar krankhafte Veränderungen nachweist, wenden sich deshalb am besten Berufsarten zu, bei deren Ausübung der Genuß freier Luft gesichert oder wenigstens keine stärkere Staubentwicklung zu fürchten ist. Als ideale Berufe wären danach zu bezeichnen Garten- und Feldarbeit, Forstwesen, Jagd und Fischerei, der Seemannsberuf, Botendienste und das Transportgewerbe; ferner auch Berufe, die sich in geschlossenen Räumen abspielen, wenn nur für ausreichenden Luftwechsel gesorgt und keine Staubentwicklung zu fürchten ist.

Wenn Eltern oder Vormünder bei der Berufswahl der Kinder die Aufmerksamkeit nicht nur auf die materiellen Vorteile richten, sondern vor allem die körperliche Tauglichkeit für diesen oder jenen Beruf berücksichtigen würden, so könnten damit viele Schädigungen und Enttäuschungen für später vermieden werden, und es würde damit auch ein wesentlicher Einfluß auf die Gesundheit des ganzen Volkes erzielt werden.

Zusammenfassung:

1. Bei Personen, die an Erkrankungen des Herzens leiden, sind Berufe zu vermeiden, die größere körperliche Anstrengungen verlangen. Die für die Gesundheit des Körpers notwendige Bewegung kann durch Spazierengehen, Turnen und leichten Sport, die jede übermäßige Anstrengung ausschließen, erzielt werden.
2. Bei Verdacht auf Erkrankungen der Lunge sind Berufe zu meiden, die in geschlossenen Räumen ausgeübt werden und die bei ihrer Ausübung Staubentwicklung im Gefolge haben.

Personen, die an Erkrankungen der Lunge leiden oder eine Neigung dazu aufweisen, müssen besonderen Wert legen auf den Aufenthalt in freier Luft.

Nervensystem und Berufswahl.

Von Dr. Eduard Hirt-München.

Klagen über einen verfehlten Beruf und Klagen über schlechte Nerven sind heute gleich häufig. Von der Nervosität unseres Zeitalters spricht man ja vielfach wie von einer ganz selbstverständlichen Erscheinung, und die Nichtbefriedigung durch berufliche Arbeit hält man gewöhnlich durch die Notwendigkeit, mit dieser Arbeit Geld zu verdienen, für genügend erklärt. So übersieht man leicht die tieferen Beziehungen, welche sich so oft zwischen Störungen des Nervenlebens und der Unzufriedenheit mit den Berufsaufgaben knüpfen. Schon aus der einen Tatsache aber, daß es ganz dieselben Leute zu sein pflegen, welche über ihre Nerven wie auch über ihren Beruf jammern, wäre mit Wahrscheinlichkeit ein innerer Zusammenhang dieser Leiden anzunehmen. Es soll nun im folgenden unsere Aufgabe sein, zu zeigen, daß dieser Zusammenhang vielfach tatsächlich besteht, daß Nervenschädigungen durch Berufserlebnisse hervorgerufen, gesteigert und durch eine richtige Berufswahl vermieden oder gemildert werden können.

Die Nervenkranken, die den Arzt aufsuchen, äußern oft, noch ehe sie ihre Beschwerden geschildert haben, die

Überzeugung, daß sie sich ihr Leiden in ihrem Berufe geholt haben. Aus ihrer Auffassung spricht die Ansicht, daß die Arbeit der Fluch des Menschengeschlechtes sei. Dieser Meinung müssen wir Ärzte mit allem Nachdruck entgegentreten. Die Arbeit als solche kann unter keinen Umständen schaden, sie ist vielmehr das vorzüglichste Heilmittel für Nervenkranke. Sie gibt dem Dasein Zweck und Inhalt, lenkt die Gedanken auf ein konkretes Ziel, erweckt durch das, was sie schafft, Selbstvertrauen und Befriedigung. Nur die unzweckmäßige, für ein Individuum nicht passende und die unrichtig betriebene Arbeit vermag schädlich zu wirken.

Leider liegt es in der Natur der Sache, daß wir leichter anzugeben vermögen, welche Verrichtungen und Berufsarten für Nervöse nicht passen, als daß wir positive Vorschläge zu machen vermögen.

Wo junge Leute ohne oder gar gegen ihren Willen in einen Beruf geworfen werden, welcher sie nicht lockt, welcher sie jeden Tag vor Aufgaben stellt, deren Lösung ihnen mehr wie eine Last, die getragen sein will, denn als ein Ziel erscheint, das des Erstrebens wert ist, entwickelt sich häufig eine dumpfe Gleichgültigkeit und eine dauernde Trübung des Stimmungshintergrundes, welche durch die klare Erkenntnis des geringen Wertes und Erfolges der freudlos geleisteten Arbeit noch vermehrt werden. Dann geben der Verlust der inneren Ruhe, die Trauer um ein verlorenes Leben und das Gefühl der Unzulänglichkeit gegenüber den Anforderungen des Daseins bald geeignete Bausteine zu der bekannten Ungerechtigkeit und Verbissenheit, welche in solchen

Fällen die geschlossene Festigkeit eines Charakters früher oder später zu erschüttern pflegen. Wir sehen also, daß bei jeder Berufswahl der persönlichen Neigung eines jungen Menschen ein weitgehender Einfluß gewährt werden soll, wenn der betreffende junge Mann und seine Neigungen als gesund erscheinen.

Nun wäre es aber verfehlt zu glauben, daß ein Gesunder durch einen mit Lust und Liebe ausgeübten Beruf nicht auch geschädigt werden könne. Im Gegenteil liegen gerade auch in der mit Begeisterung vollführten Arbeit große Gefahren für die Nervengesundheit dessen, welcher sie leistet. Nur zu leicht lassen wir in der Hingabe an eine geliebte Tätigkeit, im völligen Aufgehen in ihr, die leise Mahnung unbeachtet, welche uns die Natur durch das Gefühl der Müdigkeit zu geben gewohnt ist. Dann stellt sich gerne die Erschöpfung ein, welche langsam, aber sicher körperliche und geistige Kräfte unterwühlt und manchen hochstrebenden Ringer, welcher glaubt, den Sieg ertrotzen zu können, zwingt, vorzeitig den Schauplatz seiner Taten zu verlassen. So haben als dauernd Erschöpfte, in unbesiegbarer Übermüdung, in Unfähigkeit zu Arbeit und Genuß, dazu noch mit einem Heer von körperlichen Beschwerden behaftet, schon manche geendet, deren Ehrgeiz kein Erfolg genügend und kein Ziel zu ferne schien. Das sind die Invaliden vom Felde des geistigen Kampfes. Derselben Erschöpfung sind natürlich die ausgesetzt, welche die Not zwingt, über ihre Kräfte zu arbeiten.

Nun ist es aber noch dazu gar nicht einmal leicht, zu sagen, ob ein Mensch völlig gesund, vor allem, ob er völlig nervengesund ist. In der Regel ist dazu nur der Arzt fähig, und auch dieser nur nach längerer, genauer Beobachtung. Ein Hausarzt also, welcher schon die ersten geistigen Regungen des Säuglings gesehen, welcher verfolgt hätte, wie sich das Kind entwickelte, wie und was es spielte, wie es lernte, was es erträumte und wovon der Jüngling begeistert und empört war, ein solcher würde noch am ehesten in der Lage sein, bei der Entscheidung dieses Menschen zu einem Beruf ein gewichtiges Wort mitzureden. Und es wäre aus Rücksicht auf die Gesundheit des Menschengeschlechtes sehr zu wünschen, daß der Arzt öfter in die Lage käme, mitsprechen zu können. Denn zwischen denen, die völlig gesund sind, und denen, welche sicher nicht gesund sind, bewegt sich die große Zahl derer, die eben noch gesund sind. Das sind meist Menschen aus nervösen Familien, in welchen Sonderlinge, auffallende Talente, dann und wann auch verkommene Glieder keine ungewöhnlichen Erscheinungen sind. Kleine körperliche Abweichungen und Migräne lassen sich häufig an ihnen nachweisen. Für den aufmerksameren Beobachter weichen sie aber insbesondere von der idealen Linie geistiger Harmonie durch vereinzelte oder mehrere Eigenheiten im Denken, Fühlen und Wollen bedenklich weit ab; jedenfalls weiter als Leute, deren geistige Rüstigkeit den landläufigen Schädigungen unbedingt zu trotzen vermag. Einwirkungen aufs Nervensystem, welche dem ganz Gesunden nichts anhaben können, werden für sie schon zu einer Gefahr. Dabei sind sie aber nicht selten hervorragend begabt, namentlich nach einer bestimmten

Richtung hin, und leisten, an den rechten Platz gestellt, recht Brauchbares oder sogar Bedeutendes. Die Aufgabe des Arztes und der Erzieher solcher nervös veranlagter Personen ist es darum, sie einem Berufe zuzuführen, in welchem sie ihre guten Gaben verwerten können, ohne daß ihre Eigentümlichkeiten sie stören, einem Berufe, in dem diese Eigentümlichkeiten nicht genährt, sondern womöglich abgeschliffen werden.

Die Wissenschaft kennt verschiedene Unterabteilungen, gewissermaßen Typen, solcher nervenschwacher Naturen. Sie alle sind ganz besonders durch den Mißbrauch geistiger Getränke gefährdet. Berufe, die zu größerem Genuß berauschender Getränke Verlockungen bieten, erfahrungsgemäß vor anderen das Wirtsgewerbe, der Matrosen- und Soldatendienst, der Stand der Fuhrleute, Geschäftsreisenden, werden deshalb am besten von nervös veranlagten Leuten gemieden. Eine weitere Anforderung allgemeiner Art, welche an jede Tätigkeit, die für diese Klasse von Menschen taugen soll, gestellt werden muß, ist die, daß durch Ausübung dieser Tätigkeit die Zeit zu Schlaf und Erholung nicht verkürzt wird. Es ist das besonders oft bei Eisenbahnbeamten, Kellnern und Krankenwärtern der Fall. Auch das Studentenleben in seiner heute üblichen Gestalt muß genannt werden. Drittens muß jeder Beruf, der für einen Nervenschwachen in Frage kommen kann, sichere Erwerbsbedingungen bieten. Denn für diese Leute sind Kummer und Nahrungssorgen mit ihrem beständigen Druck auf das Gemütsleben ganz außerordentliche Gefahren. Gerade deshalb werden unter den heutigen Verhältnissen die gelehrten Berufe für den

Nichtbemittelten häufig verhängnisvoll. Ein junger Mensch, der schon während seiner Gymnasialzeit durch Stundengeben, Stenographieren, Kanzleiarbeit u. dgl. verdienen muß, was er zum Leben braucht, für den während der Vorbereitung auf die Universitätsexamina noch die Notwendigkeit des gleichzeitigen Broterwerbes besteht, wird das alles nur dann ungestraft zu leisten vermögen, wenn er über eine sehr große geistige Spannkraft verfügt. Alle nicht ganz widerstandskräftigen Naturen täten gut daran, ihren Ehrgeiz zu zähmen und statt einer nach außen vielleicht glänzenderen Laufbahn einen bescheideneren, aber leichteren und innerlich befriedigenderen Weg einzuschlagen.

Außerdem wären für nervös Veranlagte noch diejenigen Berufsarten als bedenklich zu erwähnen, welche, wie die Arbeit in Hochöfen oder das Leben in den Tropen Wärmebestrahlungen, wie das Fahren auf der Eisenbahn beständige Erschütterungen, oder wie die Geschäfte der Maler, Lackierer, Zinngießer, Schriftsetzer, Spiegelbeleger u. a. m. Beschäftigungen mit gewerblichen Giften (Blei, Quecksilber) mit sich bringen. Alle diese Berufe stellen Schädigungen schon für das rüstige Nervensystem und mehr noch für das schon von Haus aus empfindliche dar.

Welcher Beruf dem einzelnen zu empfehlen ist, vermag nur ein Arzt zu sagen, der die besonderen Verhältnisse des Falles kennt. Das Folgende sollen darum keine Belehrungen sein, welche den Rat des Arztes entbehrlich machen könnten, sondern nur Anhaltspunkte für die Erkennung derjenigen Nervenzustände, die eine ärztliche Beurteilung erheischen.

Der Leser wird sich ja bereits die Frage vorgelegt haben, wie sehen die verschiedenen Typen der nervös Veranlagten aus?

Da steht zuerst einmal jene zahlreiche Klasse von Menschen, die sich über jede Kleinigkeit aufregen. Sie zeigen oft schon als Kinder eine große Reizbarkeit durch einfache Sinneseindrücke, namentlich durch stärkeres Licht und lautere Geräusche. Der Schlaf ist oft durch plötzliches Aufschreien und schreckhafte Traumerlebnisse unterbrochen. Übergroße Freude und unbegründete Niedergeschlagenheit wechseln miteinander rasch ab. Namentlich pflegen solche Personen sehr ängstlich zu sein. Sie sind meist sehr leicht von einer Sache abzulenken und ermüden rasch; sehr häufig werden sie von Kopfschmerz geplagt. Trotz guter Begabung und großer Gewecktheit bleiben ihre Fortschritte deshalb hinter dem erwarteten Ziele zurück. Dabei besteht häufig gegen Zurechtweisungen, auch in mildester Form, eine ausgesprochene Empfindlichkeit. Durch Wehleidigkeit und Unselbständigkeit fordern diese nervösen Individuen in höheren Schulklassen oft den Spott ihrer Mitschüler heraus und werden dadurch noch verschüchterter als zuvor. Eine Störung der gewohnten Art und Ordnung der Lebensführung empfinden sie alle mit großem Unbehagen.

Der Versuch, durch Erziehung die genannten Schwächen zu beseitigen, verfehlt oft sein Ziel, sei es, daß Mangel der nötigen Sachkenntnis und Strenge, sei es, daß die Stärke der natürlichen Anlage daran Schuld tragen. Dann gilt es eben, bei der Berufswahl darauf Rücksicht zu nehmen, daß diese nervösen Leute gegen größere Anstrengungen des Körpers, des Verstandes und vor allem gegen gemütliche Erschütterungen sehr widerstandsschwach sind. Das Studium eines gelehrten Berufes oder die aufreibende Tätigkeit des spekulierenden Geschäftsmannes passen deshalb hier ebensowenig wie Berufe mit großen Anforderungen an die Leistungsfähigkeit einzelner Muskeln. Überanstrengungen der letzteren führen gerade bei nervenschwach Veranlagten häufig zu Lähmungen oder zu schmerzhaften Krämpfen (Lähmung der Handmuskeln bei Zigarrenwicklern; Krämpfe daselbst bei Schreibern, Polierern u. a.).

Die ganze intellektuelle Entwicklung möglichst hinauszuschieben und zu verzögern, muß immer das Prinzip bei der Leitung dieser reizbaren Naturen sein. Darum sind auch Berufe zu verwerfen, welche zu einer Frühreife führen. Gerade den begabten oder gar genialen Köpfen werden sie gefährlich. Jede Überstürzung ist auch im Beruf zu vermeiden und ein Leben auf dem Lande, welches ruhig dahinfließt, der Anstachelung durch die Reize des städtischen Lebens vorzuziehen. Die größte Regelmäßigkeit der Lebensführung sei gewährleistet, jede Verzärtelung aber ausgeschlossen. Sonach scheint für solche Naturen die Tätigkeit des Gärtners, des Landmanns und Försters oder die Ausübung eines Handwerks eine ideale Beschäftigung.

Weiter begegnen wir unter den Nervösen einer Gruppe von jungen Leuten, deren Merkmal die trübe Stimmung ist, welche sie von früher Jugend an begleitet. Die Gedankenarbeit dieser Leute ist dauernd eine ausreichende. Sie betrachten aber jedes Ereignis mit Mißtrauen, wittern überall Unglück und üblen Ausgang, werden ihres Lebens niemals froh. Häufig sind sie geneigt, sich selbst und ihre Leistungen zu unterschätzen; sie kommen sich überflüssig vor, halten sich für eine Qual ihrer Umgebung und scheinen nicht selten gewillt, dieses Jammerdasein freiwillig zu enden. Meistens klagen sie auch über körperliche Beschwerden, über schlechte Verdauung, schlechten Schlaf oder mangelnden Appetit. Ein stark entwickeltes Selbstbewußtsein ist trotzdem nicht gerade ausgeschlossen. Mißerfolge, wahnhafte Zurücksetzungen u. dgl. werden dann natürlich anderen in die Schuhe geschoben, und diesen vermeintlichen Schuldigen oder der ganzen Welt wird dann mit Reizbarkeit, Erbitterung und Kampflust entgegengetreten. Der Zustand gleicht hier in vielen Stücken der Verfassung des im Lebenskampf Erlahmten, unterscheidet sich von ihm aber schon bei oberflächlicher Betrachtung dadurch, daß er von Haus aus besteht.

Die eben beschriebene Klasse von Menschen vermag nur in gesicherten ruhigen Verhältnissen und bei nicht zu verantwortungsreicher, aber zerstreuender und dankbarer Tätigkeit achtenswerte Arbeitsergebnisse zu liefern. Berufe aber, wo es auf rücksichtsloses Darauflosgehen, auf Wetten und Wagen ankommt, wo unter Umständen die quälende Erwartung, welche ein Unternehmen begleitet, durch bittere Enttäuschung abgeschlossen wird, wirken sehr nachteilig auf diese düsteren Charaktere. Man soll sie deshalb keinen Beruf ergreifen lassen, der, wie der ärztliche, bei körperlichen und geistigen Strapazen reich an bedrückenden Ereignissen ist, der, wie viele künstlerische Erwerbszweige, ein Leben voller Mißerfolge, Verleumdungen und Sorgen mit sich bringen kann, oder wie jedes Wirken in der Öffentlichkeit durch Anfeindungen, Aufregungen und Undank große Anforderungen an die Widerstandskraft der Ausübenden stellt.

Wieder eine andere Gruppe, deren Verstandestätigkeit ebenfalls eine genügende ist, wird von den unter Zwangsvorstellungen Leidenden gebildet. Die Sorge, mit den Schulaufgaben nicht fertig zu werden, oder die beständige Angst, von den häuslichen Arbeiten die eine oder die andere vergessen zu haben, quält manche Schüler Tag für Tag, läßt sich nicht bannen und verbittert häufig das Leben. Manchmal stellen sich schon frühzeitig noch andere, verwandte Formen der Angstzustände ein: das Anlegen eines neuen Anzuges, die Berührung mit fremden Personen oder die Benutzung von Gasthausgeschirren erweckt die kaum zu beschwichtigende Furcht vor Ansteckung oder Vergiftung. Daneben quälen oft noch die unnützesten Gedanken: Warum habe ich das und jenes so und nicht umgekehrt gemacht? Was wäre geschehen, wenn ich das anders gemacht hätte? Gelegentlich werden auch krankhafte Triebe an solchen Menschen beobachtet. Sie müssen jedes Papierchen von der Straße auflesen, in der Meinung, darauf über sich eine wichtige Mitteilung, eine Aufdeckung ihrer Herkunft oder eine Verleumdung geschrieben zu finden. Oder ein kaum zu unterdrückender Drang, etwas Unsinniges zu tun: vom Eisenbahnzug aus die Telegraphenstangen zu zählen, im Theater plötzlich Feuer zu schreien, auf der Straße bestimmten Persönlichkeiten die Zunge zu zeigen, verleidet Verkehr und Erholung. Zwei Briefumschläge mit verschiedener Bestimmung müssen des öfteren geöffnet und nachgesehen werden, ob mit ihrem Inhalt keine Verwechslung vorgekommen ist, und die Furcht, die Türe nicht geschlossen oder vielleicht die Lampe nicht gelöscht zu haben, läßt diesen nervösen Leuten oft nicht die Nachtruhe. Stets sind sich die Betroffenen der Störung bewußt, empfinden sie als etwas Fremdes, das sich ihnen aufdrängt, als einen Zwang, gegen den sie sich gerne wehren möchten.

Wenn es nicht schon einer verständigen Jugenderziehung gelungen ist, durch Abhärtung und durch Gewöhnung diese Zwangszustände zu überwinden, so weichen sie meist nur schwer, langsam und selten dauernd. Von Berufen, welche ein öffentliches Auftreten erfordern, vom Lehrberuf, dem Amt des Richters oder des Anwalts, ist dann abzusehen. Wertschätzung und Achtung der Betroffenen könnten in solchen Berufen ja nur leiden. Da aber auch geistige Anstrengungen, seelische Erregungen und körperliche Strapazen die Nervengesundheit dieser Gruppe von Belasteten wie die aller übrigen genannten Kategorien gefährden, muß man auch hier nach einem Berufe suchen, der ein möglichst sorgenfreies Leben und reiche Gelegenheit zu körperlicher Bewegung gewährt, welche den Körper stählt, den Geist erfrischt und das Selbstvertrauen erhöht.

Auf der von Haus aus nervösen Anlage entwickelt sich nun manchmal ein krankhafter Zustand, dessen wesentliches Kennzeichen eine überaus leichte und tiefe Beeinflußbarkeit der Betroffenen ist: die Hysterie. Was die Worte anderer oder eigene Gefühle und Vorstellungen bei Gesunden nur im Zustand der Hypnose vermögen, das bewirken sie bei dieser eigenartigen Erkrankung im Wachsein ebenso. Ein Wort oder eine Idee erzeugt eine Lähmung, macht gefühllos oder führt zur Starre eines Gliedes oder des ganzen Körpers. Dann und wann treten auch traumähnliche Zustände auf, welche die Umgebung verkennen und infolge von Wahnerlebnissen die merkwürdigsten Bewegungen und Handlungen vollziehen lassen. Der Charakter dieser, allen Eingebungen so zugänglichen Personen vereinigt in sich viele Züge, welche wir bei Besprechung der einzelnen Typen von Nervösen schon kennen lernten. Bei guter Auffassung, Merkfähigkeit und Denkvermögen besteht häufig Oberflächlichkeit, Unaufmerksamkeit, Zerfahrenheit und Neigung zu Aberglauben. Die Erinnerung erscheint öfter in eigenartiger Weise gefärbt; Zank und Klatsch, Lüge und Übertreibung entstehen infolgedessen leicht oder werden doch vorgetäuscht. Meistens fällt Launenhaftigkeit, Unbeständigkeit und jäher Stimmungswechsel auf. Das Interesse solcher Personen geht in rascher Folge von einem Gegenstand zum anderen, eine ernste nachhaltige Beschäftigung mit einer Arbeit ist selten. Die Neigung, eine Rolle zu spielen, sich sehen zu lassen, als Schauspieler oder Künstler die Blicke auf sich zu lenken, tritt in der Regel frühzeitig hervor, und die außerordentliche Lebhaftigkeit der Gefühle, verbunden mit einer gewöhnlich vorhandenen Virtuosität des sprachlichen, mimischen oder auch bildlichen Ausdrucks könnte diese Naturen dem harmloseren Beurteiler zu den genannten Berufen sogar als sehr geeignet erscheinen lassen. Eine bedeutende Hochachtung vor dem eigenen Ich führt die Hysterischen bald zu einer aufmerksamen Beschäftigung mit der eigenen Person, wodurch ganz regelmäßig der Grund zu hypochondrischen Empfindungen und Befürchtungen gelegt wird.

Ein Beruf, welcher für diese Menschen passen soll, muß die Selbstbeherrschung stählen, die Selbsterkenntnis schärfen und jedes Sichgehenlassen unterdrücken. Jede zügellose Ungebundenheit, ja jede größere Freiheit soll ausgeschlossen sein. Sie ermöglichen es nur gewissenlosen und berechnenden Menschen, die leicht bestechlichen Personen zu verführen und auszubeuten, setzen sie den Lockungen des Alkohols aus und lassen Charakterdisharmonie, Gefühlsüberschwenglichkeit und Willensschwäche den breitesten Spielraum erlangen. Literarische Tätigkeit und schauspielerische Beschäftigung sind am allergefährlichsten, da sie nicht nur zu geistiger Anstrengung und zu gemütlicher Erregung führen, sondern auch den an sich träumerischen Naturen Gelegenheit geben, die Wirklichkeit zu vergessen und in einer eingebildeten, willkürlichen Welt zu leben.

Wären körperliche Überanstrengungen und Versetzungen bei diesen krankhaften Persönlichkeiten nicht oft der Anlaß für seelische Störungen, so wäre der streng geregelte Soldatenberuf ihnen am meisten zu empfehlen.

Wie die bisher besprochenen Eigenheiten, so ist auch die abnorme Richtung des Geschlechtssinnes in der Mehrzahl der Fälle der Ausdruck einer von Geburt an krankhaften Persönlichkeit. Namentlich dürfte das der Fall sein bei jenen Formen, welche man wegen der ihnen eigentümlichen Neigung zu Personen desselben Geschlechts konträre Sexualempfindungen nennt. Bei ihnen findet der Mann nur durch den Mann, das Weib nur durch das Weib geschlechtliche Erregung und Befriedigung, andere als diese (homosexualen) Empfindungen treten in der Geschlechtssphäre mehr und mehr zurück. Nicht ungewöhnlich stellt sich dann eine zunehmende Veränderung der ganzen Persönlichkeit in dem Sinne ein, daß eine Denkweise, Neigungen und Beschäftigungen beobachtet werden, wie man sie sonst bei Angehörigen des anderen Geschlechts findet. Ein homosexualer Mann liebt z. B. weibische Lektüre, kleidet sich mit kleinlicher Sorgfalt und Peinlichkeit, schminkt und kräuselt sich, spricht über Toilette und Mode und findet seine Genugtuung in der Ausübung des Kellner-, Schneider- oder Krankenwärterberufes. In der Jugend kann eine derartige Verkehrung der normalen Geschlechtseigentümlichkeiten sich im Spiel des Knaben mit Puppe, Küche und Puppenzimmer schon deutlich ausdrücken. In neuerer Zeit hat man erkannt, daß die Neigung zu Personen des eigenen Geschlechtes an sich allerdings nicht angeboren ist, daß aber durch eine krankhafte Bestimmbarkeit die in früher Kindheit empfangenen Liebeseindrücke, welche ja meist in diesem Alter auch bei gesunden Personen von dem eigenen Geschlechte ausgehen, das Sexualleben in die beschriebene Richtung drängen. Gerade hierin liegt aber auch die Möglichkeit, die homosexualen Personen zu einem gesunden geschlechtlichen Empfinden zurück- bzw. hinzuführen. Man muß sie in eine Tätigkeit bringen, bei der ein natürlicher Verkehr mit dem anderen Geschlecht Anknüpfungspunkte für normale Beziehungen bietet und Erziehung und Gewöhnung die schlummernden oder unterdrückten Gefühle der geschlechtlichen Neigung erstarken lassen. Wie und wo das am besten zu ermöglichen ist, ist nur im einzelnen Falle zu entscheiden. Der Beruf des Arztes, des Lehrers, des Geistlichen u. a. m., welche eine Befriedigung des krankhaften Triebes besonders leicht machen könnten, sind zu meiden.

Die weiteren Formen nervöser Belastung, vor allem die Epilepsie oder Fallsucht und manche Arten des Schwachsinns (geistige und sittliche Unzulänglichkeit, Unverbesserlichkeit, geborene Verbrecher, krankhafte Lügner u. dgl.) sprechen auch für den Laien eine nicht mißzuverstehende Sprache. Ein Mißgriff in der Berufswahl ist daher bei ihnen nicht sehr zu befürchten; wo er gemacht wird, zeigt er sich meistens sehr bald und fordert zu einer Abhilfe auf. Es ist eine genauere Besprechung dieser Leiden und ihres Verhältnisses zu bestimmten Schädlichkeiten des Berufslebens entbehrlich. Dagegen erwarten manche Eltern und Erzieher vielleicht einen Wegweiser nach anderer Richtung. Bekanntlich kommt ja heutzutage eine Berufswahl nicht mehr ausschließlich bei Jünglingen in Betracht. So wahr es ist, daß der wahre Beruf des gesunden Weibes im Gattin- und Muttersein liegt, so unabweisbar ist doch die Forderung nach der Möglichkeit einer Versorgung derer geworden, denen es nicht vergönnt ist, ihre Kräfte einer eigenen Familie zu widmen. Was soll man also solche auf sich selbst gestellte Mädchen werden lassen? Eine Aufgabe muß der Mensch haben, wenn er nicht verkümmern soll; darum soll sich auch das wohlhabende Weib einen Beruf suchen, der es für den Mangel des

Mutterglücks entschädigen kann. Ein solcher Beruf muß in erster Linie dankbar sein; der Erfolg, der Nutzen des Arbeitens muß in ihm klar ersehen werden können. Das Weib, das seiner ganzen Natur nach mehr auf ein hilfreiches, fürsorgliches Wirken als auf das Erreichen äußerer Ehre hingewiesen ist, wird immer die sicherste Befriedigung in einer Tätigkeit finden, die sich der der Hausfrau möglichst annähert; als Wirtschafterin, Krankenpflegerin oder Leiterin von Kinderpflegeanstalten ist die weibliche Hilfe unentbehrlich. Wählt es einen dieser „weiblichen" Berufe, so ist es auch dem Vorwurf der Emanzipiertheit, dem Kummer über Zurücksetzungen und Mißerfolge und der ganzen Härte des Daseinskampfes, die es noch weniger zu tragen imstande ist als der Mann, kaum ausgesetzt. Natürlich gibt es hier und da auch einmal eine Frau mit männlichem Charakter und Kraft, welche sie zu einem „männlichen" Berufe befähigen.

Die Gefahren, welchen sich das Menschengeschlecht durch unzweckmäßige Lebensführung aussetzt, sind die der fortschreitenden und vererbbaren Verschlechterung der Rasse, der Entartung. Daß unter vielen anderen Ursachen an ihr eine ungeeignete Berufstätigkeit mit Schuld tragen kann, ist nach den vorstehenden Ausführungen klar. Besonders betont muß aber noch werden, daß die Verfolgung des Schicksales nervöser Familien nicht immer eine zunehmende Minderwertigkeit der einzelnen Glieder erkennen läßt; im Gegenteil, es kommen Verbesserungen der Art, Zunahme der körperlichen und geistigen Kräfte von Geschlecht zu Geschlecht nicht selten vor; und diesen Verjüngungsprozeß der Menschheit durch alles, was in unserer Macht steht, zu unterstützen, insbesondere durch richtige Erziehung und Verwertung gefährdeter Personen, ist unsere vornehmste Pflicht.

Zusammenfassung:

Versuchen wir, am Schlusse, die Hauptsätze, die bei der Berufswahl nervös veranlagten Personen leitend sein sollen, in Kürze zusammenzufassen, so dürfen wir ungefähr folgendes sagen:

Auch der Nervöse und der Psychopath bedürfen zur Erhaltung des Gesunden und zur Einschränkung des Krankhaften in ihnen geregelter Arbeit. Sie dient, richtig verteilt und ausgeübt, der seelischen Abhärtung und befriedigt durch ihre Früchte und an sich selbst. Richtig gewählte und ausgeführte Arbeit ist das Hauptheilmittel.

Die Arbeit muß der Leistungsfähigkeit und den Anlagen des einzelnen angepaßt sein; sie soll möglichst wenig Anlaß zu gemütlichen Erregungen geben, darf die Zeit zur Erholung nicht verkürzen, darf nicht dem Genuß von Alkohol Vorschub leisten und nicht mit gewerblichen Giften in Berührung bringen.

Auge und Berufswahl.

Von Privatdozent Dr. Rudolf Schneider-München.

Wie selten auf die Beschaffenheit der Augen und die Sehkraft bei der Berufswahl Rücksicht genommen wird, hat jeder Augenarzt reichliche Gelegenheit zu konstatieren. Und doch müßte sich jeder sagen, daß kein Organ durch die tägliche Arbeit mehr in Anspruch genommen wird und weniger zu entbehren ist als das Auge: es muß sich jederzeit einer anderen Stellung anpassen und für die verschiedensten Entfernungen einstellen können. In Wind und Wetter, in grellem Sonnenlichte und in finsterer Nacht, in Staub und Nebel muß es als orientierendes und kontrollierendes Organ sich betätigen. Die Kraft des Armes und die Geschicklichkeit der Hand ist bei vielen Gewerben ganz oder zum Teil durch Maschinen ersetzt worden; gleichmäßig und sicher leisten diese ihre Arbeit, wenn ihr Gang gewissenhaft vom Auge desjenigen, welcher die Maschine bedient, geleitet und beobachtet wird. Dampf und Elektrizität sind an die Stelle der Muskelkraft getreten, dem Auge jedoch hat das Jahrhundert der Erfindungen nur neue und schwierigere Aufgaben gebracht. So erscheint es unbedingt nötig, daß jeder, ehe er einen Beruf erwählt, sich über die Anforderungen, welche dieser an das Auge stellt, orientiert.

Normale und völlig sehtüchtige Augen besitzt nur ein Teil der Menschen; ein Drittel etwa — es sind eher mehr als weniger — zeigt Abweichungen von der Norm. Hierzu gehören 1. diejenigen, welche infolge krankhafter Veränderungen des Augapfels, starker Übersichtigkeit oder angeborener fehlerhafter Krümmung der Hornhaut schwachsichtig sind; 2. die Kurzsichtigen. Die krankhaften Veränderungen des Augapfels können angeboren, wie z. B. Starbildung, oder, was für die Mehrzahl der Fälle zutrifft, während des Lebens erworbene sein. Hier spielen die wichtigste Rolle die sog. Hornhautflecke, Narben von Hornhautgeschwüren oder Reste früher überstandener Hornhautentzündungen, wie sie besonders bei skrofulösen und schlecht genährten Kindern der unbemittelteren Klassen vorzukommen pflegen. Die Flecken auf der Hornhaut, von verschiedener Größe und meist grauer bis weißer Farbe, stören dadurch das Sehvermögen, daß sie das Hindurchtreten des Lichtes durch die normalerweise völlig durchsichtige Hornhaut behindern, die Lichtstrahlen zerstreuen und oft auch der Grund für unregelmäßige Wölbung der Hornhaut sind. Ein solcher Schwachsichtiger habe sich entschlossen z. B. Goldarbeiter zu werden. Das Hantieren mit den feinen Objekten wird ihm Schwierigkeiten bereiten; trotz des besten Willens wird er nur langsam Fortschritte machen und dem Meister Grund zu Tadel geben. Er wird als ein ungeschickter und ungelehriger Mensch erscheinen und deshalb bald auch selbst die Lust an seinem Berufe verlieren. Ein Glück bedeutet es dann für ihn, wenn er rechtzeitig zu einem anderen

Erwerbszweige übergeht, welcher nicht so hohe Anforderungen an das Auge stellt. Bleibt er jedoch bei dem einmal erwählten Fache, so wird der Meister ihn mit gröberen Arbeiten während der ausgemachten Lehrzeit beschäftigen. Nach vollendeter Lehrzeit wird dann der mangelhaft ausgebildete junge Geselle die Zufriedenheit keines Meisters sich erwerben können und allmählich zur Erkenntnis gelangen, seinen Beruf verfehlt zu haben. Zeit und Geld ist verloren, Verzweiflung und Not ergreift den jungen Mann, und das alles nur, weil er sich vor Eintritt in den Beruf nicht vergewisserte, ob er auch hierzu körperlich geeignet sei.

Die durch Hornhautflecken bedingte Herabsetzung des Sehvermögens wird ebenso wie diejenige, welche durch Übersichtigkeit höheren Grades oder durch fehlerhafte Hornhautkrümmung hervorgerufen ist, oft fälschlich als Kurzsichtigkeit bezeichnet. Dieser Irrtum rührt daher, daß solche schwachsichtige Menschen Dinge, welche weiter entfernt sind, nicht erkennen können. Den Eltern fällt auf, daß das Kind beim Betrachten z. B. der Bilder in seinem Bilderbuch sich nahe auf dasselbe herabbeugt. In der Schule kann das Kind das auf den Wandtafeln Dargestellte nicht recht deutlich sehen. Diese Unfähigkeit, in die Ferne scharf zu sehen, imponiert dem Laien als Kurzsichtigkeit; in den meisten Fällen begnügt man sich, die „Kurzsichtigkeit" festgestellt zu haben, oder man geht mit dem Kinde zu einem Optiker, welcher vielleicht ein „Spezialinstitut für wissenschaftliche Untersuchung der Augen" eingerichtet hat. Dem Optiker aber gelingt es sehr oft nicht, bei der Unkenntnis der anatomischen und physiologischen Verhältnisse des Auges, die Übersichtigkeit oder die Asymmetrie der Hornhautkrümmung zu erkennen und das zur Korrektion derselben nötige, richtige Augenglas zu bestimmen. So wird durch das vom Optiker empfohlene Glas der Zustand nicht gebessert; der Schwachsichtige oder seine Eltern glauben, es gebe überhaupt kein Mittel, das Übel zu beseitigen, und so findet sich schließlich der Schwachsichtige dieser Art mit seinem behinderten Sehvermögen ab. In der Schule kann er zum großen Leide der Eltern und trotz aller Bemühungen des Lehrers nur mit Mühe dem Unterricht folgen. Nach absolvierter Schulzeit vermag er sich, mit Rücksicht auf seine schwachen Augen, nicht recht für einen bestimmten Beruf zu entscheiden, und nach getroffener Wahl gewährt ihm die Ausübung desselben wegen der durch seine Augen bedingten Unzuträglichkeiten häufig wenig Befriedigung.

Es ist mitunter ein Zufall, welcher den schon ganz niedergedrückten jungen Mann zum Augenarzt führt, der durch Verordnung des die Übersichtigkeit oder die angeborene Hornhautkrümmung korrigierenden Konvex- bezw. Zylinderglases mit einem Schlage einen tüchtigen arbeitsfreudigen Menschen aus ihm macht. Aber nicht nur, soweit es das Sehvermögen angeht, ist bei Übersichtigen und den sog. Astigmatischen das Tragen der richtigen Brille von großem Vorteil. Auch eine Reihe Beschwerden, welche hauptsächlich in Kopfschmerzen, Neuralgien und leichter Ermüdbarkeit bei der Arbeit bestehen, schwinden bei diesen Abweichungen vom normalen Brechungszustand der Augen sobald die entsprechenden Augengläser getragen werden.

Von besonderer Wichtigkeit ist die augenärztliche Untersuchung bei der wirklichen Kurzsichtigkeit. Letztere kann bedingt sein 1. durch eine zu große Brechkraft der Linse, 2. durch zu starke Krümmung der Hornhaut, und 3. durch eine relativ zu große Länge der Augenachse. Wir sehen also, daß sehr verschiedene Abweichungen im Bau des Auges die Kurzsichtigkeit hervorbringen können, und schon hieraus mögen wir schließen, daß die Kurzsichtigkeit bei der Berufswahl ganz verschiedene Bedeutung haben und auch durch denselben Beruf in ganz verschiedener Weise beeinflußt werden kann. In dem Falle, wo der Kurzsichtigkeit eine Verlängerung des Auges zugrunde liegt, und zwar besonders, wenn die Kurzsichtigkeit bis zu hohen Graden fortschreitet, liegen oft krankhafte Veränderungen der inneren Augenhäute vor. Gerade hier besitzen die Augen eine geringere Leistungsfähigkeit und widerraten, einen Beruf zu ergreifen, in welchem vorzugsweise Nahearbeit zu verrichten ist. Denn die hauptsächlichste Schädlichkeit, welche auf die Entstehung der Kurzsichtigkeit und die Entwicklung höherer Grade derselben einwirkt, liegt in anhaltender Beschäftigung mit nahe vor dem Auge befindlichen Dingen; und zwar ist die eigentliche und unmittelbare Schädlichkeit der Nahearbeit durch das dauernde und starke Einwärtsdrehen beider Augen nach der Nase in erster Reihe bedingt. Dies gilt selbst für gesunde Augen, also noch viel mehr für solche, welche schon krankhaft verändert oder zu fortschreitender Kurzsichtigkeit veranlagt sind. Junge Leute mit solchen Anlagen würden fehlen, wenn sie z. B. Graveure, Ziseleure, Lithographen, Schriftsetzer oder Schreiber werden wollten.

Eine Reihe Jahre würden sie vielleicht ungestört ihren Beruf pflegen können, dann stellen sich Beschwerden und mangelnde Ausdauer bei der Arbeit ein. Gestatten die Verhältnisse nicht einen Berufswechsel, so ist die Ausübung des erwähnten Berufes mit fortwährenden Mühseligkeiten verknüpft. Es werden schwerere innere Augenveränderungen sich einstellen, welche freilich erst in den 30 er oder 40 er Jahren auftreten, aber dann eine hochgradige Schädigung des Sehvermögens zur Folge haben. In solchen Fällen ist also, wie der Arzt mit dem Augenspiegel nachweisen kann, die Kurzsichtigkeit zum größten Teile auf eine krankhafte Veranlagung der Augen zurückzuführen, deren Folgen durch die anhaltende Nahearbeit erheblich gesteigert wurden. In anderen Fällen von Kurzsichtigkeit ergibt dagegen die Untersuchung mit dem Augenspiegel normale Verhältnisse im Augeninnern, und dann verbietet selbst hochgradige Kurzsichtigkeit, welche vielleicht auf einer sehr starken Krümmung der Hornhaut beruht, in keiner Weise dem Knaben Stenograph oder dem Mädchen Weißnäherin zu werden.

Dies gilt auch für die bemittelteren Gesellschaftsklassen. Bei dem gleichen Grade der Kurzsichtigkeit und derselben Sehschärfe wird man dem einen gestatten können, dem anderen davon abraten müssen, sich einem sog. gelehrten Berufe zu widmen. Nur die genaue Augenuntersuchung, nicht die vage Feststellung der Kurzsichtigkeit kann in diesen Fällen die Entscheidung liefern und oft genug auch hier durch die richtig gewählte Brille den Betreffenden für einen gewünschten Beruf befähigen.

Aber für eine Reihe von Berufsarten ist das Tragen einer Brille unmöglich oder doch mit Schwierigkeiten verknüpft. Dies trifft z. B. für die Marine zu, deren Dienst überhaupt außerordentliche Anforderungen an das Auge stellt. Hier kann das Auge nicht durch eine Brille belästigt werden, welche leicht zerbricht, sich beschlägt und bei schrägem Licht blendet. In gleicher Weise störend ist die Brille für das Fahrpersonal bei der Eisenbahn, für Förster, Kutscher, Bootsleute, Feuerarbeiter, Bereiter 2c. Eine gewisse Gefahr birgt das Brillentragen für Stein- und Metallarbeiter in sich. Nicht selten werden bei diesen Gewerben Augen dadurch verletzt, daß ein abspringendes Stück Stein oder Eisen, welches an sich nur eine Prellung verursachen würde, die Augengläser zertrümmert und deren Splitter in das Auge eindringen läßt.

Einäugige sind nur für eine beschränkte Zahl von Erwerbszweigen geeignet. Das körperliche Sehen, genaues Messen und Schätzen von Entfernungen ist nur mit zwei Augen möglich. Einäugige Bildhauer, Elfenbeinschnitzer z. B. werden daher leicht unangenehmen Selbsttäuschungen ausgesetzt sein; Schmiede, Schlosser und Zimmerleute werden bei der Arbeit durch Vorbeischlagen sich und ihre Mitarbeiter gefährden. Maurer, Dachdecker, Installateure bedürfen des zweiten Auges, um sich auf Gerüsten und Dächern sicher bewegen zu können. Schließlich hat der Einäugige noch daran zu denken, daß er in Betrieben, welche viele Fährlichkeiten bieten, durch einen Unfall leicht auch sein einziges Auge einbüßen kann.

Junge Leute, welche an chronischen Lid- oder Bindehautentzündungen leiden, sollen keinen

Beruf erlernen, in welchem sie viel dem Staub, Rauch und der Hitze ausgesetzt sind. Die erste Bedingung für die Heilung dieser Augenleiden ist der Aufenthalt in frischer und reiner Luft; wie verkehrt handelt daher ein mit einem solchen Leiden Behafteter, wenn er Bäcker, Müller oder Kellner wird. Der Zustand seiner Augen wird sich verschlimmern, es kommt zu roten, stets tränenden Augen, schließlich entwickelt sich Eiterfluß und das bei einem Bäcker oder Koch besonders unappetitlich wirkende Triefauge, welches die Betreffenden sehr belästigt und zu häufigen Unterbrechungen der Arbeit zwingt.

Die Störungen des Farbensinnes, die sog. Farbenblindheit, kann in gewissen Erwerbszweigen zu sehr folgenschweren Mißständen führen. Es soll hier von den Fällen, in welchen die Farbenblindheit im Gefolge von Erkrankungen des Sehnerven oder der Netzhaut auftritt, abgesehen werden. Aber die Farbenblindheit kommt meist als angeborene Unvollkommenheit des Sehvermögens vor. Dieselbe kann total sein, so daß keine Farbe erkannt wird und die Welt grau in Grau wie eine Zeichnung erscheint; oder, was häufiger ist, partiell, indem nur eine bestimmte Gruppe von Farben ausfällt. Oft besteht überhaupt keine vollständige Blindheit für eine Farbe, sondern nur ein etwas weniger scharfes Unterscheidungsvermögen, schwacher Farbensinn. Die weitaus häufigste Form der angeborenen Farbenblindheit ist die Rotblindheit, welche bei 3% bis 4% der männlichen Bevölkerung vorkommt, bei Frauen viel seltener ist. Nun darf man nicht glauben, daß ein Rotblinder rote Gegenstände überhaupt nicht sieht, oder daß er sie alle farblos sieht. Es ist nur die Empfindung, welche er beim Anblicke roter Gegenstände hat, sehr ähnlich derjenigen, welche grüne bei ihm hervorrufen, weshalb er Rot und Grün verwechselt. Die Farbenblindheit hat für den Betroffenen keinen weiteren Nachteil, als daß sie ihn für gewisse Berufszweige untauglich macht. Zu diesen gehören alle jene Beschäftigungen, welche genaue Unterscheidung von Farben verlangen, wie Maler, Färber usw. In neuerer Zeit hat man besonders darauf aufmerksam gemacht, daß der Dienst bei der Eisenbahn oder Marine einen genauen Farbensinn erfordere. Die auf Eisenbahnen und Schiffen gebräuchlichen Signale sind am häufigsten von roter oder grüner Farbe, welche gerade von den meisten Farbenblinden verwechselt werden. So könnte ein Farbenblinder im Eisenbahn- oder Schiffsdienst schwere Unglücksfälle veranlassen.

Schließlich soll, was die Störungen des Lichtsinnes betrifft, nicht unerwähnt bleiben, daß übermäßige Empfindlichkeit gegen Licht, wie sie angeboren besonders bei blonden Individuen, aber auch bei manchen erworbenen Augenerkrankungen vorkommt, bei Berufsarten, welche ständigen Aufenthalt im Freien oder in der Nähe starker Lichtquellen und blendender Feuer verlangen, sehr hinderlich und unangenehm ist. Im Gegensatz hierzu ist die als Nachtblindheit bezeichnete und auch angeboren vorkommende Störung des Lichtsinnes zu registrieren, bei welcher eine Herabsetzung der Beleuchtung, wie sie beim Eintritt der Dämmerung oder zur Nachtzeit stattfindet, das Sehvermögen außerordentlich vermindert. Die von dieser Störung Befallenen eignen sich natürlich nicht für den

Dienst bei der Eisenbahn und Marine sowie für manche andere Berufe, wie z. B. den der Chauffeure, Kutscher, Küfer, Schutz-, Bergleute usw.

Aus dem Angeführten ist zu ersehen, wie innig und weittragend die Beziehungen zwischen Auge und Beruf sind, wie man stets neben den geistigen Fähigkeiten, den finanziellen Verhältnissen der Eltern, den Neigungen des Kindes bei der Berufswahl auch die Beschaffenheit der Augen und die Sehkraft berücksichtigen muß. Im eigensten Interesse sollte also jeder junge Mann oder wenigstens alle diejenigen, welche über Beschwerden der Augen oder nicht normale Sehschärfe zu klagen haben, vor Eintritt in einen Beruf ihre Augen untersuchen lassen. Wie viel Tränen und Kummer der Eltern über die mangelnde Entwicklung und schlechtes Fortkommen der Kinder im Beruf, wie viel Enttäuschungen und Leiden körperlicher und seelischer Art könnten den jungen Leuten durch Erfüllung dieser Forderung erspart werden! Dies gilt für die bemittelten und mehr noch für die unbemittelten Gesellschaftsklassen; denn letztere können im Kampfe um das Dasein weniger Hilfe von fremder Hand erwarten, überblicken infolge ihrer geringeren Bildung weniger die Tragweite der Berufswahl und sind wegen materieller Hindernisse seltener in der Lage, in späteren Jahren aus einer unrichtigen in eine passende Lebensbahn überzutreten. Außerordentlich wertvoll und segensreich wäre es daher, wenn, wie dies schon in der Einleitung betont wurde, alle Kinder, welche im Begriffe sind, die Schule zu verlassen, um ins praktische Leben überzutreten, hinsichtlich ihrer Augen untersucht und darüber unterrichtet würden, welche Berufsarten nach der Beschaffenheit ihrer Augen für sie geeignet sind. Derartige in wissenschaftlicher Weise und in wahrem sozialen Interesse vorgenommene Untersuchungen gehörten in erster Linie zu den Aufgaben des Schularztes, und die auf Grund der Untersuchungen erteilten Ratschläge würden ein kostbares Gut für den einzelnen sowie für den Staat, zu dessen Aufblühen jeder einzelne mitarbeiten soll, bilden.

Zusammenfassung:

Schwachsichtigkeit findet sich im jugendlichen Alter

1. angeboren infolge starker Übersichtigkeit, fehlerhafter Krümmung der Hornhaut und krankhafter Veränderungen des Augapfels;
2. erworben besonders infolge Hornhautflecken.

Schwachsichtigkeit macht untauglich für alle Berufe, welche genaues Sehen sowohl in der Nähe wie in die Ferne verlangen.

Es gibt eine gutartige und eine bösartige Kurzsichtigkeit; welcher Art sie ist, kann nur durch eine gründliche augenärztliche Untersuchung entschieden werden. Die gutartige Form der Kurzsichtigkeit schließt nur solche Berufsarten aus, bei denen das Brillentragen unmöglich oder schwierig ist; bei bösartiger Kurzsichtigkeit ist der Rat des Augenarztes zu erholen.

Einäugigkeit erschwert die Ausübung von Berufen, für die körperliches Sehnen unerläßlich ist.

An chronischen Lid- und Bindehautentzündungen Leidende dürfen keine Berufe ergreifen, in denen sie Staub, grellem Licht, Hitze oder Wind ausgesetzt sind.

Störungen des Farbensinnes bedingen Untauglichkeit für den Dienst bei der Eisenbahn und der Marine sowie für die Berufe der Maler, Färber, Kunststickerinnen u. a.

Normalen Lichtsinn müssen alle bei der Eisenbahn und der Marine Beschäftigten sowie Chauffeure Kutscher, Bergleute u. a. haben.

Jeder Berufswahl soll eine gewissenhafte Augenuntersuchung vorausgehen.

Gehörorgan und Berufswahl.

Von Dr. Max Nadoleczny-München.

Das Gehörorgan ist wegen seiner verborgenen Lage in der Tiefe der Kopfknochen und wegen seines schwer verständlichen Baues den meisten Menschen fast unbekannt. Daher mag es kommen, daß man seine Erkrankungen häufig recht spät beachtet. Da bis vor 30 Jahren die Ohrenheilkunde kaum als gleichberechtigtes Glied in dem Kreis der medizinischen Wissenschaften galt, so erklärt es sich auch, daß man erst in neuerer Zeit dem Hörvermögen der heranwachsenden Jugend gebührende Aufmerksamkeit schenkt. Es hat uns nun die Statistik der letzten Jahrzehnte in dieser Hinsicht ganz bedenkliche Resultate vor Augen geführt. Ist doch von verschiedenen Seiten nachgewiesen worden, daß ein Viertel, ja oft bis zu einem Drittel aller schulpflichtigen Kinder auf einem oder sogar auf beiden Ohren schwerhörig ist, d. h. nur über den dritten Teil der normalen Hörweite verfügt. Es ist nun zwar zu erwarten, daß mit wachsender Erkenntnis und Aufklärung ein großer Teil dieser Schwerhörigen noch rechtzeitig durch fachärztliche Behandlung geheilt oder doch wesentlich gebessert werde. Eines aber wird sich nicht immer ohne weiteres beseitigen lassen: nämlich die Folgen einer überstandenen Ohrerkrankung sowie eine ererbte Anlage zu Schwerhörigkeit, und damit sollte man wenigstens hinsichtlich der Berufswahl immer rechnen.

Eine ererbte Anlage zu Schwerhörigkeit ist glücklicherweise nicht allzuhäufig. Es handelt sich dabei öfter um Krankheiten des schallaufnehmenden, nervösen, inneren Teil des Gehörorgans, die „in der Familie liegen", sich schon in früher Jugend oder im Jünglingsalter bemerkbar machen und leider oft unaufhaltsam fortschreiten. Weitaus der größte Teil der Schwerhörigen aber verdankt sein Leiden einer Infektionskrankheit im Kindesalter (Scharlach, Masern, Mumps), ferner Erkrankungen der Nase oder des Rachens, die zu Mittelohrleiden geführt, also die schallleitenden Gebiete des Ohres geschädigt haben oder fortgesetzt schädigen.

Eine ganz hervorragende Bedeutung kommt besonders bei Kindern der „dritten Mandel" zu, die hinter den Nasengängen am Dache des Rachenraumes sitzt und, wenn sie entzündlich geschwollen oder gewuchert ist, die Nase von hinten ganz oder teilweise verschließen kann. Hierdurch wird die normalerweise stattfindende Nasenatmung behindert oder gänzlich unmöglich gemacht; es muß der Mund zum Atmen verwendet werden, was unter allen Umständen im höchsten Grade schädlich ist. Man erkennt solche mit Wucherungen der Rachenmandel behaftete Kinder leicht an ihrem stets offenen Munde, vorausgesetzt, sie haben normale Kieferbildung. Sie schnarchen natürlich im Schlaf, schrecken oft mitten in der Nacht auf und sind dann bei Tage schläfrig. Daher der müde Gesichtsausdruck, die matten Augen dieser Kinder. Nun leiden sie noch obendrein meist an sog. Stockschnupfen, an häufigen Halsentzündungen und Drüsenanschwellungen. Alle diese Zeichen derselben Erkrankung verleihen ihnen ein ganz charakteristisches Aussehen. Aber abgesehen von diesen soeben beschriebenen Störungen, abgesehen auch von den Erkrankungen der Nase und des Rachens, leidet vor allem das Gehörorgan Schaden.

Das Mittelohr, d. h. der lufthaltige Raum, welcher zur Schallübertragung auf das innere Ohr dient, ist gegen den äußeren Gehörgang durch das Trommelfell abgeschlossen, mit dem Rachen aber steht es durch eine knorpelige Röhre in Verbindung, die sog. Ohrtrompete, durch welche ihm fortwährend die nötige Luft zugeführt und damit auf den beiden Flächen des Trommelfells der gleiche Luftdruck gesichert wird. Mittels dieses feinen Röhrchens werden Erkrankungen des Rachens leicht bis ins Mittelohr hinein fortgeleitet. Auch kommt es vor, daß die Mündung der Ohrtrompete in den Rachen von der gewucherten Rachenmandel selbst verlegt wird. So entstehen zunächst nur Katarrhe, im schlimmeren Falle aber auch eitrige Entzündungen des Mittelohrs. Diese Eiterungen entleeren sich nach Durchlöcherung des Trommelfells durch den äußeren Gehörgang (sog. „Ohrenfluß") und hinterlassen, vorausgesetzt, daß sie überhaupt heilen, offene Lücken oder Narben im Trommelfell, bisweilen mit gleichzeitiger Schwerhörigkeit, die von Ohrgeräuschen, wie Sausen, Klingen usw., sowie von Druckgefühlen im Ohr begleitet sein kann.

Es soll damit indes nicht etwa gesagt sein, daß vollkommene Heilungen mit normalem Hörvermögen ausgeschlossen seien. Im Gegenteil ist dieser günstige Ausgang bei richtiger Behandlung glücklicherweise die Regel. Überhaupt muß ausdrücklich betont werden, daß nicht das Trommelfell als eigentliches Gehör-Sinnesorgan zu betrachten ist. Seine Rolle ist nur eine untergeordnete, insofern als es bei der Übertragung von Schallwellen auf das innere Ohr beteiligt ist und gleichzeitig das Mittelohr nach außen schützend abschließt. Erst im inneren Ohr, in der sog. Gehörschnecke, wird der eigentliche Vorgang der Gehörempfindung eingeleitet, hier wird das Endorgan des Hörnerven durch die Schallwellen erregt, ähnlich wie die Netzhaut im Inneren des Auges durch die Lichtstrahlen. Die Bedeutung der übrigen Teile des inneren Ohrs für das Körpergleichgewicht sei nur nebenbei erwähnt.

Nachdem wir uns so eine allgemeine Anschauung über einen wichtigen und leichter verständlichen Teil der Ohrenkrankheiten gebildet haben, können wir uns fragen, inwieweit wir das Gehörorgan bei der Berufswahl unserer heranwachsenden Jugend berücksichtigen können oder müssen.

Jedenfalls ist darauf zu dringen, daß Ohrenkranke solche Berufe nicht ergreifen, die Schädigungen des Gehörorgans mit sich bringen und so beginnende oder bestehende Leiden verschlimmern können. Dies gilt, wie zu erwarten ist, vor allem von den Berufen, die außergewöhnliche Anforderungen an die Widerstandsfähigkeit des Trommelfells stellen. Luftverdichtungen, wie sie durch jede starke Explosion plötzlich im äußeren Gehörgang, z. B. bei Sprengungen in Bergwerken, beim Schießen, besonders in geschlossenen Scheibenständen, und beim Abfeuern größerer Geschütze, erzeugt werden, können schwere Schädigungen, ja Zerreißungen des Trommelfells hervorbringen. Es ist fast allgemein bekannt, daß man sich vor einer solchen plötzlichen Schalleinwirkung durch Öffnen des Mundes schützen kann. Der Zweck dieser Maßnahme ist, durch Anspannen der Schlundmuskeln die Öffnung der Ohrtrompete hervorzurufen und so zu ermöglichen, daß das Trommelfell nicht nur von einer Seite durch den Luftstoß getroffen wird. Diese Vorsichtsmaßregel, die von gesunden Personen mit großem Erfolg angewendet wird, um die Gefahren plötzlicher Änderungen des Luftdrucks für das Gehörorgan auszugleichen, ist nun leider da, wo krankhafte Verengungen oder Verlegungen der Ohrtrompete vorhanden sind, erfolglos. Und ferner ist es klar, daß unter dem Einfluß solcher Luftstöße bei Leuten, die an Erkrankungen des Trommelfells leiden, viel leichter ein Einreißen desselben eintreten kann, weil eben seine Elastizität und Festigkeit schon vermindert ist.

Ähnliche Gefahren setzen sich Luftschiffer, Taucher (auch Schwammfischer) und Brückenarbeiter aus. Letztere verweilen lange Zeit während der Arbeit in sog. Caissons, d. h. in verschlossenen Kammern unter hohem Luftdruck wie der Taucher in der Taucherglocke. Dieser hohe Druck lastet nun zunächst auf dem Trommelfell und wird erst durch die Ohrtrompete insofern wieder ausgeglichen, als mittels wiederholter Schlingbewegungen diese geöffnet und so der Außenluft Zutritt ins Mittelohr gestattet wird, wodurch wieder auf beiden Seiten des Trommelfells der gleiche Luftdruck entsteht. Dieser Vorgang spielt sich beim Betreten der Druckluftkammern ab, während umgekehrt beim Verlassen derselben der Überdruck im Mittelohr zustande kommt, also von innen auf das Trommelfell wirkt. Um nun allzu plötzliche Druckunterschiede zu vermeiden, pflegt man in Vorkammern zu verweilen, in denen der Druck allmählich vor Eintritt in das Caisson gesteigert oder vor dem Verlassen langsam vermindert wird. Man nennt diese vorsichtige Maßnahme das Ein- und Ausschleußen. Es hat also dabei der erwähnte Druckausgleich zwischen Mittelohr und Außenluft stattzufinden, was sich nur bei gesunden Gehörorganen ohne größere Gefahren und Schwierigkeiten ermöglichen läßt. Im anderen Falle erfolgen Blutungen ins Trommelfell, wenn nicht gar Zerreißungen desselben, ja es können fast plötzlich Entzündungen im Mittelohr entstehen. Denselben Schädlichkeiten wie der Arbeiter beim Verlassen des Caissons ist der Luftschiffer beim plötzlichen Aufsteigen in beträchtliche Höhen ausgesetzt, in denen ein sehr geringer Luftdruck herrscht. Soweit die Schädigungen des Mittelohrs, die wir uns leicht und einfach durch mechanische Ursachen und Einwirkungen erklären können.

Bei all diesen Vorgängen, bei Explosionen wie bei plötzlichen Druckschwankungen, wie wir sie soeben besprachen, kann aber auch d a s i n n e r e O h r in Mitleidenschaft gezogen werden, sei es durch plötzliche Erschütterung oder durch starke und unvermittelte Blutdruckschwankungen, die zu Blutungen Anlaß geben können. Glücklicherweise sind diese gefährlicheren Schädigungen auch die selteneren, aber die stete Wiederholung der gleichen Schädigung macht schließlich schwerhörig (Schmied- und Schützentaubheit).

Was nun die Berufe betrifft, welche besondere Anforderungen an das Hörvermögen stellen, so ist von ihnen zu bemerken, daß sie meist auch gleichzeitig zu den geräuschvollen gehören. Am wenigsten mag dies noch für den Telephondienst gelten, zu dem Ohrenleidende auch schon von den Behörden nicht zugelassen werden. Das Telephon hat sich aber heutzutage besonders in kaufmännischen Kreisen so eingebürgert, daß wir auch in letzteren sozusagen „berufsmäßige" Telephonisten finden. Während nun eine leichte Schwerhörigkeit keineswegs hinderlich beim Gebrauch des Telephons ist, so ist dennoch eine Gefährdung schon erkrankter Gehörorgane, besonders bei nervösen Leuten, hierbei nicht ausgeschlossen. Einerseits mag wohl das angestrengte Horchen eine Rolle spielen, anderseits wirken aber sicher die zahlreichen, oft sehr schrillen Nebengeräusche schädlich, die wir bis jetzt noch nicht aus den gebräuchlichen Apparaten verbannen konnten. Es machen daher öfters Leute, die an und für sich schon zeitweise an Ohrensausen und -Klingen zu leiden haben, die unangenehme Erfahrung, daß diese belästigenden Gehörsempfindungen öfter auftreten, stärker und daher auch störender werden, je häufiger das Telephon benutzt wird. — Im Eisenbahndienst ist die Verwendung von tönenden Signalen, besonders von Pfeifen, bei uns noch sehr gebräuchlich.

Ihr Zweck ist vor allem, den herrschenden Lärm zu übertönen, den zu vermindern übrigens die Verwaltungen stets bemüht sind. Für die Lokomotivführer und Heizer, die Schaffner und Bremser, und auch die Weichenwärter auf großen Bahnhöfen ist es natürlich von ungeheurer Wichtigkeit, diese Signale ohne besonderes Aufmerken zu hören. Man denke nur, wie viel oft davon für das Wohl und Wehe von Beamten und Reisenden abhängt. In diesem Berufe wird nun vom Ohr nicht nur ein gewisses Hörvermögen, sondern ganz besonders eine verhältnismäßig große Widerstandsfähigkeit gegen dauernd einwirkende stärkere Geräusche verlangt. Wir haben schon oben gesehen, daß katarrhalische Erkrankungen der Nase und des Rachens allmählich bei wiederholtem Auftreten eine Abminderung des Hörvermögens herbeiführen können. Gerade solchen Katarrhen sind diese in Wind und Wetter und ganz besonders im Kohlenstaub fortwährend tätigen Beamten ausgesetzt. Es ist nun leicht verständlich, daß Personen, die an und für sich schon Neigung zu solchen Erkältungskrankheiten haben, sich wenig, und wenn ihre Ohren hierbei leicht miterkranken, sich ganz und gar nicht für diese Berufe eignen; im allgemeinen scheinen nämlich Erkältungskrankheiten beim Strecken- und Fahrdienstpersonal nicht auffallend häufig vorzukommen. Der Lärm in den Bahnhöfen, das Rasseln der Züge kann aber an sich schon Ohrenleiden, hauptsächlich solche des inneren Ohres, hervorrufen oder bestehende verschlimmern, wobei dann besonders das Hören hoher Töne erschwert wird. Wenn es nun allerdings auch mitunter vorkommt, daß Schwerhörige im Lärm besser hören als sonst, so ist doch im allgemeinen der Eisenbahndienst ebenso wie das berufsmäßige Telephonieren Ohrenkranken zu widerraten, insbesondere wenn sie bisweilen an Ohrgeräuschen leiden. Selbst Leute, in deren Familie hochgradige Schwerhörigkeit in jüngeren Lebensjahren öfters aufgetreten ist, tuen besser daran, diese Berufe zu meiden, da bekanntlich eine gewisse Anlage zu Erkrankungen, besonders des inneren Ohres, bisweilen vererbt werden kann.

Innerhalb unserer mannigfaltigen Industrie finden sich natürlich noch zahlreiche Betriebe, die dauernden starken Lärm erzeugen, und daher sehr leicht das innere Ohr schädigen können. Da nun aber zu diesen Berufen — es sind z. B. die Schlosser und Schmiede, besonders die Kesselschmiede, ferner die Arbeiter in Hammer- und Stampfwerken und vielen anderen Großbetrieben, aber auch ein Teil der Mechaniker und die Faßbinder — eine besondere Hörfähigkeit nicht erforderlich ist, so sind sie einem Teil der Ohrenleidenden nicht von vornherein zu widerraten. Vergegenwärtigen wir uns nämlich nochmals, daß das Mittelohr mit dem Trommelfell, ferner auch das äußere Ohr, also Gehörgang und Ohrmuschel der Schalleitung dienen, und daß bei Erkrankung dieser Organe — die Ohrmuschel ausgenommen — häufig eine Abschwächung der Schalleindrücke eintritt, so ist es ganz begreiflich, daß Erkrankungen der schall*leitenden* Teile des Ohres das innere Ohr, d. h. den schall*aufnehmenden* nervösen Abschnitt, von übermäßigen Reizen schützen. Wir können daher solchen

Schwerhörigen, deren Leiden nur auf Schalleitungshindernissen beruht, erlauben, geräuschvolle Berufe zu ergreifen, während wir Leute mit Erkrankungen des inneren Ohres davor warnen. Daß diese schwierigen Fragen nur durch eine fachärztliche Untersuchung zu entscheiden sind, leuchtet wohl jedermann ein.

Noch einen Beruf müssen wir erwähnen, der eine besondere Feinhörigkeit verlangt, obwohl man allgemein glaubt, die Sehschärfe spiele hierbei die Hauptrolle. Spricht man doch immer vom Adlerauge des Jägers, ohne zu bedenken, daß für ihn das Hören schwacher Geräusche auf verhältnismäßig große Entfernung viel wichtiger beim Anpirschen des Wildes ist. Es bedarf also ein Forstmann in seiner praktischen Tätigkeit eines vollkommenen Hörvermögens und selbstverständlich darf er auch in diesem Beruf, der ihn allem Wind und Wetter aussetzt, keine Neigung zu Erkältungskrankheiten der oberen Luftwege haben.

Eine besondere Schädlichkeit für das erkrankte Ohr ist die feuchte Kälte; sie vermag bestehende Ohrenleiden sehr ungünstig zu beeinflussen, so daß sie in einen chronischen Zustand übergehen. Wir finden daher viele Schwerhörige unter den Kutschern und Seeleuten, und wenn auch im allgemeinen eine besondere Feinhörigkeit von diesen Leuten nicht gefordert wird, so sollte man doch die Gefahren besonders des Seeklimas, das meist verschlimmernd auf Ohrkrankheiten wirkt, nicht außer acht lassen.

Eine normale Hörweite ist eigentlich auch die Vorbedingung für einen erfolgreichen und dabei nicht zur

Überanstrengung führenden Besuch der höheren Schulen wenn man bedenkt, wie sehr die Schüler durch ihre Schwerhörigkeit am Fortschreiten gehindert werden. Sie verstehen nur einen mehr oder minder großen Teil des vom Lehrer Vorgetragenen und sind daher gezwungen, ihre Aufmerksamkeit übermäßig anzustrengen. Infolgedessen zeigen sich bei Schwerhörigen eher die Erscheinungen der Überarbeitung — ein großer Teil der berüchtigten „Überbürdung" ist auf körperliche Fehler zurückzuführen — anderseits ermüden sie rasch, werden daher notwendigerweise unaufmerksam und bleiben in ihrer Entwicklung und in ihren Leistungen auch im späteren Leben zurück. Wird nun gar die Wurzel des Übels, nämlich die Schwerhörigkeit, nicht erkannt, so pflegt man die Kinder — sehr mit Unrecht — zu schelten und zu strafen, wodurch man zwar keine Besserung ihrer Leistungen, wohl aber leicht eine Verschlechterung ihres Charakters erreicht. Denn das Kind empfindet das Ungerechte dieser Behandlung, selbst wenn ihm der wahre Grund seiner Unfähigkeit: das unbemerkt entstandene oder schon lange bestehende Ohrenleiden, unbekannt ist. Natürlich gibt es auch hier Ausnahmen, die trotz dieser Hindernisse weiterkommen; im allgemeinen aber wird eine große Anzahl schwerhöriger und daher minder leistungsfähiger Schüler jahraus jahrein durch die mittleren und höheren Schulen als Ballast mitgeschleppt, eine Qual für die Lehrer, eine Sorge für die Eltern, ganz abgesehen vom eigenen Mißvergnügen. Der begabte Schüler freilich wird wie manch andere Schwierigkeiten, so auch die, welche ihm sein geringeres Hörvermögen bereitet, siegreich überwinden. Er wird auch so im Leben seinen Weg machen. Manchem kann wohl auch durch Privatunterricht erfolgreich nachgeholfen werden. In allen Fällen sollte man den Schwerhörigen, womöglich schon im Kindesalter, das Ablesen vom Gesicht des Sprechenden lehren.

Zusammenfassung:

Aus dem oben Gesagten können wir schließen, daß nur verhältnismäßig wenige Berufe für Ohrenleidende ungeeignet sind. Viele Betriebe, besonders die technischen, eignen sich sogar trotz des Lärms, den sie bisweilen erzeugen, für einen Teil der Schwerhörigen, der glücklicherweise der größere ist; in den graphischen Gewerben z. B. findet man verhältnismäßig viele Schwerhörige. Die meisten Gewerbe und auch die Landwirtschaft stehen selbst hochgradig harthörigen Personen offen, da sie weder besondere Anforderungen an das Gehörorgan stellen, noch ihm Gefahren bringen können.

Im allgemeinen kann man also sagen, daß angeborene und in früher Jugend erworbene Schwerhörigkeit wie zum Militär, zum Eisenbahn- und Postdienst, so auch zu Gewerben, bei denen man plötzlichen Luftdruckschwankungen, Wind und Wetter oder starken Lärm ausgesetzt ist, untauglich machen.

Es sind das eben zum Teil auch Gewerbe, welche das Gehörorgan durch übermäßige oder stets wiederkehrende Schalleinwirkungen oder Druckschwankungen schädigen.

In staatlichen Betrieben schließt eine *fachärztliche Untersuchung* den Schwerhörigen ohnehin schon von für ihn ungeeigneten Berufen aus. Bei der freien Berufswahl aber wird jeder Ohrenleidende gut daran tun, sich rechtzeitig bei einem Facharzt Rat zu holen, damit er weiß, ob er den gewünschten Beruf ohne weitere Schädigung seines Ohres ausüben kann.

Führer bei der speziellen Berufswahl.

Von Landesgewerbearzt Dr. Franz Koelsch-München.

In den nachstehenden Tabellen sind zur Erleichterung der Berufswahl die wichtigsten gesundheitlichen und wirtschaftlichen Tatsachen aus verschiedenen Berufen kurz angeführt unter gleichzeitigem Hinweis auf die vorausgehenden Abhandlungen. *) Wenn auch einzelne Berufsarten zweifellos eine Reihe von gesundheitsschädigenden Momenten mit sich bringen, so darf nicht übersehen werden, daß diese Schädlichkeiten durch strenge Beachtung der erlassenen Schutzvorschriften sowie durch eine vernünftige Lebensführung und Abhärtung des Körpers wesentlich vermindert werden können. Gleichwohl muß der jugendliche Bewerber die ihm in seinem Berufe drohenden Gefahren genau kennen; denn man kann nur dann einer Bedrohung sicher ausweichen, wenn man sie nach Art und Umfang genau kennt. Soweit Angaben über die wirtschaftlichen Verhältnisse zu erhalten waren, entsprechen sie im allgemeinen den in Süddeutschland zu machenden Erfahrungen, ohne indessen einzelne örtliche Verhältnisse berücksichtigen zu wollen.

---

*) Die unter den Berufen angeführten Zahlen verweisen auf die entsprechenden Seitenzahlen der vorhergehenden Abhandlungen.

Berufsart	Berufs-Schädlichkeiten	Körperliche	
		Körperbeschaffenheit, Blutbildung	Lungen, Herz
Ausgeher, Boten 29. 34.	Witterungsunbilden; Radfahren strengt Herz und Lunge an. Verdienen schnell, lernen aber kein Handwerk!	mittelkräftiger Körperbau nötig.	sollen bes. bei Radfahrern gesund sein.
Bäcker, Konditor 23. 33. 60.	Körperlich anstrengend, z. T. lange Arbeitszeit im Stehen und Nachtarbeit. Hitze, Temperaturschwankungen(Rheumatismus); Mehlstaub (Schädigung der Atmungsorgane, der Zähne und Haut.	Schwächliche u. Blutarme sind ungeeignet.	müssen gesund sein; Anlage zur Tuberkulose macht ungeeignet.
Bierbrauer 29. 33. 40.	Körperlich anstrengend, Temperaturwechsel und z. T. Durchnässung (Rheumatismen); der Alkohol ist ein Gift!	Schwächliche sind ungeeignet.	müssen gesund sein.
Buchbinder, Kartonnagenarbeiter.	Ständiger Aufenthalt in geschlossenen Werkstätten, z. T. vieles Sitzen. Staub (Papier, Bronze usw.) reizt die Atmungsorgane.	Starke Grade von Blutarmut machen ungeeignet.	Anlage zur Tuberkulose macht ungeeignet.
Buchdrucker, Setzer (Vgl. auch Schriftgießer usw.) 32. 57.	Ständiges Stehen, geschlossene Arbeitsräume Augenanstrengung, Bleivergiftung (die Lettern bestehen aus Blei und Antimon).	wie oben	wie oben

Eignung, betr. Nerven, Sinnesorgane	Eignung, betr. Sonstige körperliche Mängel	Berufs-Schutzmaßnahmen	Wirtschaftliche Verhältnisse
Gewisser Grad von Intelligenz ist notwendig.	Stärkere körperliche Gebrechen dürfen nicht vorhanden sein.	Schutz gegen Erkältungen und Durchnässungen. Beim Radfahren nicht rauchen!	Meist ungeordnet und sehr wechselnd; 3 bis 15 M. wöchentlich, ev. noch Trinkgelder.
sollen normal sein. In der Konditorei können nur genaue Arbeiter gebraucht werden.	Neigung zu Rheumatismus, Krampfadern u. Plattfüße, Schweißhände, Hautleiden, Unterleibsbrüche oder Bruchanlagen machen ungeeignet, ebenso mangelhafter Sinn für Reinlichkeit.	Die schwere Arbeit kann durch neuere Hilfsmaschinen wesentlich erleichtert werden. Reinlichkeit, bes. Zahnpflege, sind unbedingt erforderlich. Vorsicht vor Erkältung! Bei Hauterkrankungen sofort den Arzt aufsuchen. Vermeidung übermäßiger alkoholischer Getränke!	Bäcker: Kein Lehrgeld, Kost u. Wohnung nebst 1—3 M. pro Woche frei; Gehilfen 17—34 M. pro Woche. Selbständigmachung für tüchtigen Gehilfen ohne größeres Kapital möglich Konditor: Selbständigmachung wegen starker Konkurrenz schwierig, gelingt nur ganz Tüchtigen; dagegen finden viele Konditoren als Köche gutes Unterkommen.
keine Anlage zu Schwindel und Krämpfen; normale Sinnesorgane nötig.	Neigung zu Rheumatismus und zu Unterleibsbrüchen macht ungeeignet.	Vorsicht vor Erkältung; nicht zuviel Bier trinken! Mehr als 2 l im Tag wirkt auf die Dauer sehr schädlich!	—
normales Auge nötig.	keine Schweißhände.	Fleißiges Spazierengehen und vernünftiger Sport in frischer Luft, Turnen, Schwimmen usw. sehr zweckmäßig.	—
wie oben; für Drucker außerdem gut. Farbenunterscheidungsvermögen, für Setzer Sprachkenntnisse erforderlich.	keine Krampfadern und Plattfüße, keine Hautleiden u. Schweißhände.	Die Bleivergiftung kann durch Reinlichkeit und genaue Befolgung der bestehenden Schutzvorschriften (Bundesratsverordnungen) völlig vermieden werden. Fleißig Baden, Spazierengehen in frischer Luft, vernünftiger Sport; Vermeidung übermäßigen Trinkens u. Rauchens. Auch bei geringfügigen Erkrankungen bes. des Magens und Darmes den Arzt aufsuchen.	Arbeitsbedingungen u. Löhne z. Z. tariflich geregelt; zu erfahren u. a. in München Goethestr. 12, ebenda auch Lehrlingsvermittlung.

Berufsart	Berufs-Schädlichkeiten	Körperliche	
		Körperbeschaffenheit, Blutbildung	Lungen, Herz
Bureau- und Kontorpersonal, Schreiber usw. 20. 21. 43. 57.	Sitzen in geschlossenen Räumen, z. T. in ungünstiger, gebückter Haltung, Augen-Anstrengung.	Sehr blutarme Personen sind ungeeignet.	Anlage zur Tuberkulose macht ungeeignet.
Bürsten- u. Pinselmacher 32.	Sitzen in geschlossenen Arbeitsräumen. Staub; Gefahr der Milzbrand-Ansteckung.	keine stärkere Blutarmut.	keine Anlage zur Tuberkulose.
Drechsler, Holzbildhauer s. auch Schreiner! 32. 59. 60.	z. T. körperliche Anstrengung in gezwungener Körperhaltung; viel Stehen; Augenanstrengung; Staubeinatmung. Giftige Holzarten, reizende Beizen (Hautkrankheiten). Verletzungen durch scharfe Werkzeuge.	normal	normal, keine Tuberkulose, kein Herzfehler.
Drogisten s. Lageristen, Verkäufer!	—	—	—
Elektrotechniker, Feinmechaniker, Instrumentenmacher vgl. auch unter Installateure, Monteure usw.! 20. 41.	Arbeit meist im Stehen; Metallstaub (meist nicht in großer Menge); Schädigung durch den elektr. Strom. Hautreizungen durch Chemikalien (Säuren, Benzin usw.). Auch Möglichkeit der Bleivergiftung.	—	Tuberkulose macht ungeeignet.

Eignung, betr.		Berufs-Schutzmaßnahmen	Wirtschaftliche Verhältnisse
Nerven, Sinnesorgane	Sonstige körperliche Mängel		
normal	flacher Brustkorb wenig geeignet; passend für mit Schönheitsfehlern Behaftete.	Fleißige Bewegung in frischer Luft (Spazierengehen, vernünftiger Sport, Turnen) nötig.	In kaufmännischen Betrieben finden tüchtige Leute stets lohnende Beschäftigung.
(wird häufig von Blinden geübt)	—	Fleißiges Spazierengehen, vernünftiger Sport in frischer Luft! Die Milzbrandansteckung kann durch Reinlichkeit (Waschen und Baden) und Befolgung der bestehenden Vorschriften vermieden werden; bei jeder, auch der kleinsten Verletzung u. Hauterkrankung, sofort den Arzt aufsuchen!	Im Handwerk sind tüchtige Arbeiter gesucht u. gut bezahlt; auch Fabrikarbeiter finden gute Entlohnung. Für Lehrlinge Anfangslohn meist ca. 5 M. pro Woche.
Nasenatmung darf nicht behindert sein. Gute Augen.	keine Krampfadern und Plattfüße, keine Hautleiden an den Händen und Schweißhände.	Turnen, vernünftiger Sport in frischer Luft. Bei Staubarbeit Mund geschlossen halten. Bei Verletzungen gleich den Arzt aufsuchen. Gegen Hautleiden Reinlichkeit. Die Drehbank nach dem Körper einstellen; beim Treten mit den Füßen abwechseln.	Erwerbsverhältnisse z. Z. nicht ungünstig. Lehrlinge erhalten 3—5 M. Anfangslohn pr. Woche, Gehilfen 55—60 Pf. pro Stunde.
—	—	—	Ausbildung 3 Jahre, in der Lehrzeit nur geringe Verdienstmöglichkeit. Große Konkurrenz, doch für Tüchtige gute Aussichten.
gute Augen sind nötig. Krämpfe und Schwindel machen ungeeignet.	keine Anlage zum Schiefwerden; keine Schweißhände und Hautkrankheiten, keine Plattfüße und Krampfadern.	Persönl. Reinlichkeit, Baden, Turnen usw. sehr nützlich; bei Bleiarbeiten (Löten, Dichten, Kitten, Anstreichen usw.) sind Überkleider und besondere Reinlichkeit notwendig; nicht mit ungewaschenen Fingern essen; bei der Arbeit nicht rauchen! Vorsicht vor Säuredämpfen, Gaseinatmung und elektrischem Starkstrom! Bei Verletzungen und Erkrankungen gleich zum Arzt gehen!	Lohnverhältnisse im allgemeinen normal; sehr gute Arbeitskräfte sind unter günstigen Bedingungen gesucht.

Berufsart	Berufs-Schädlichkeiten	Körperlich[e]	
		Körperbeschaffenheit, Blutbildung	Lungen, Herz
Färber s. auch unter Chem. Wäscherei	Wasserarbeit in feucht-warmen Räumen (Rheumatismen, Katarrhe), reizende Farben und Beizen (Hautkrankheiten).	normal	normal
Friseure 60.	Arbeit im Stehen; Gelegenheit zu Ansteckungen (ev. Haarstaub). Gebückte Haltung bei der Tischarbeit.	Schwächliche u. Blutarme sind ungeeignet.	keine Tuberkulose.
Gärtner 33. 34. 43.	z. T. langdauernde und anstrengende Arbeit, Gelegenheit zu Erkältungen durch Witterungsunbilden (Katarrhe, Rheumatismen). Verletzungen (werden leicht verunreinigt und können zu schlimmen Entzündungen, Starrkrampf, Blutvergiftung führen).	mittelkräftige Körperbeschaffenheit erwünscht.	kein Herzfehler; leichte, beginnende Tuberkulose schließt nicht aus, für fortgeschrittene Erkrankungen jedoch ungeeignet.
Gerber 33.	Teilweise schwere Arbeit, Wasserarbeit (Erkältungen, Rheumatismen); ätzende Chemikalien (Hautleiden). Infolge Arbeitens mit Tierprodukten besteht die Gefahr der Milzbrandansteckung, Zellgewebserweiterungen, Blutvergiftung u. dgl.	normal	normal; keine Tuberkulose.
Glaser 41.	Arbeit mit bleihalt. Kitt und Bleiverglasungen; Zugluft auf Bauten.	—	—

…ignung, betr.		Berufs-Schutzmaßnahmen	Wirtschaftliche Verhältnisse
Nerven, Sinnesorgane	Sonstige körperliche Mängel		
…utes Seh- u. Farbenunterscheidungsvermögen.	keine empfindliche Haut, keine Neigung zu Rheumatismen und Brustkatarrhen.	Reinlichkeit und Hautpflege!	—
…ormale Sinnesorgane, Intelligenz.	Entstellungen (Muttermal, Narben usw. an unbedeckten Körperstellen), Hautleiden u. Schweißhände, faule Zähne und stotternde Sprache machen ungeeignet.	Peinliche Reinlichkeit im eigenen Interesse wie auch in dem der Kundschaft unerläßlich! Bei Hauterkrankungen sogleich den Arzt aufsuchen. Fleißige Bewegung in frischer Luft (Turnen, Schwimmen).	Beruf sehr überfüllt, so daß viele Friseure auf Nebeneinnahmen angewiesen sind. Haararbeiten sind einträglich; niedere chirurgische Verrichtungen wenig mehr verlangt.
normal; doch schließt leichte Nervosität nicht aus.	keine Neigung zu Erkältungen (Rheumatismen u. Katarrhen); keine Unterleibsbrüche oder Bruchanlage. Gesunde Glieder; kein Mangel, welcher das Bücken erschwert.	Kleine Verletzungen sofort beachten und richtig verbinden lassen. Allgemeine Reinlichkeit und Körperpflege notwendig. Bei Durchnässungen bald trockene Kleider anziehen! Schutz vor Erkältung, Sonnenstich usw.	Lehrzeit 3 Jahre; in großen Gärtnereien Lehrgeld bis zu 300 ℳ, sonst meist Kost und Logis frei nebst 1—3 M. wöchentliches Taschengeld. Aussichten nicht ungünstig.
…ormal; keine Neigung zu Krämpfen.	wie oben; keine empfindliche Haut und Nase (Gerüche).	Zweckmäßige Arbeitskleider erforderlich; ferner Reinlichkeit; nach Arbeitsschluß trockene Kleider anziehen. Jede kleinste Verletzung oder Hautkrankheit beachten und sofort den Arzt aufsuchen.	Lehrlinge sind hauptsächlich in der Weißgerberei gesucht.
…ormale Augen; Farbenunterscheid.-Vermögen.	keine Neigung zu Rheumatismen.	Vorsicht und peinliche Reinlichkeit bei Bleiarbeiten!	z. Z. bescheiden und nicht sehr lohnend, doch ist Besserung zu erwarten.

Berufsart	Berufs-Schädlichkeiten	Körperliche	
		Körperbeschaffenheit, Blutbildung	Lungen, Herz
Gürtler, Gold- und Silberarbeiter (Ähnl. auch Graveure u. Ziseleure) 32. 57.	Teilweise gebückte Körperhaltung u. Sitzen in geschlossenen Räumen; Anstrengung der Augen. Metallstaub. Reizende Chemikalien und giftige Substanzen. Metallbrennen, Beizen, Löten, Emaillieren usw.	normal	normal, keine Tuberkulose.
Hafner (Ofensetzer, Töpfer, auch Porzellan- u. Steinzeugarbeiter)	Ungünstige Körperhaltung b. Drehen, Kneten usw. — Hitze am Ofen (Rheumatismus, Erkältungen), Staub (Lungenkrankheiten), bleihaltige Glasuren (Bleivergiftung).	wie oben	wie oben
Installateure, Monteure 29. 33. 41. 59.	Teilweise körperlich anstrengend; Witterungs- und Zuglufteinflüsse (Rheumatismen, Erkältungen); bleihaltige Materialien (Bleirohre, Dichtungsmittel, Kitte Farben usw.) können Bleivergiftungen veranlassen. Augenschädigungen beim Schweißen und Hartlöten.	normal	kein Herzfehler, keine Tuberkulose.
Kellner 23. 32. 40. 60.	Lange Arbeitszeiten u. Nachtarbeit in schlechter Luft, ständiges Gehen und Stehen. Gefahr übermäßigen Alkoholgenusses.	Schwächliche u. Blutarme auszuschließen	kein Herzfehler, keine Tuberkulose.

ignung, betr.		Berufs-Schutzmaßnahmen	Wirtschaftliche Verhältnisse
Nerven, Sinnesorgane	Sonstige körperliche Mängel		
ute Augen.	unversehrte und gewandte Finger sind notwendig; keine Schweißhände.	Vorsicht bei der Verwendung giftiger Stoffe! Peinliche Reinlichkeit, Tragen von Überkleidern, Werkstätte gut lüften. Viel Bewegung in frischer Luft, Turnen, Baden. Gute Beleuchtung notwendig; bei Sehstörungen sogleich den Augenarzt befragen.	Lehrzeit 3—4 Jahre. Dann Verdienst 36 bis 39 M. pro Woche, bei Brauchbarkeit ziemlich befriedigend und beständig. Selbständigmachung relativ günstig, besonders für Reparaturen, Spezial- und Qualitätsarbeiten.
ormal; Nasenatmung muß frei sein.	keine Neigung zum Schiefwerden, zu Rheumatismen.	Vorsicht gegen Erkältungen und Staubeinatmung. Gegen die Bleivergiftung ist die Reinlichkeit (Waschen von Gesicht und Händen, Mundspülen usw.) der beste Schutz; ev. bei Magen- und Darmstörungen, Mattigkeit usw. sofort den Arzt aufsuchen.	—
ine Anlage zu Schwindel und Krampfanfällen	keine Unterleibsbrüche od. Bruchanlagen; keine Neigung zu Rheumatismus.	Bei Bleiarbeiten ist Vorsicht und peinliche Reinlichkeit erforderlich; bei Magen- und Darmstörungen sogleich zum Arzt gehen. Beim Schweißen dunkle Schutzbrillen tragen!	Aussichten bei guter Ausbildung günstig, besonders noch für elektrische Anlagen. Schon die Lehrlinge werden entsprechend entlohnt.
normal	Körperl. Gewandtheit erforderlich, abstoßende Gebrechen, sichtbare Hauterkrankungen, Mundfäule, sowie starke Schweißhände u. ähnl. schließen aus. Keine Plattfüße, Krampfadern, X-Beine usw.	Ausgiebige und vernünftige Erholung und Nachholen des versäumten Schlafes ist an den freien Tagen dringend notwendig. Vorsicht vor übermäßigem Alkoholgenuß und Rauchen! Reinlichkeit und Körperpflege erforderlich.	2—3 Jahre Lehrzeit; meist kein Lehrgeld, oft schon von Anfang guter Verdienst. Für tüchtige Kräfte gute Aussichten; Aufenthalt im Auslande dringend zu empfehlen.

Berufsart	Berufs-Schädlichkeiten	Körperliche	
		Körperbeschaffenheit, Blutbildung	Lungen, Herz
Köche	Teilweise körperlich anstrengend, Hitze (Rheumatismen), Stehen. Bandwürmer durch Genuß von rohem Fleisch.	Mittelkräftiger Körperbau, keine Blutarmut	kein Herzfehler, keine Tuberkulose
Korbmacher	Meist Sitzen, gebeugte Körperhaltung; Arbeit in geschlossenen Räumen; sonst nicht ungesund.	—	keine Tuberkulose.
Küfer	Neigung zu Rheumatismen (Kellerarbeit). Gefahr des Alkoholmißbrauchs; Kellergase.	—	kein Herzfehler, kein Lungenleiden.
Kürschner, Hutmacher, Bandagisten 32. 41.	Arbeit im Stehen und Sitzen, z. T. in gebückter Körperhaltung und in geschlossenen Räumen; z. T. Staubentwicklung und Verwendung giftiger Chemikalien.	Schwächliche u. Blutarme auszuschließen.	keine Tuberkulose.
Kupferschmiede	Vergleiche Installateure usw.! Salmiakdämpfe beim Verzinnen; Säuredämpfe und Verätzungen. Metallstaub (Kupferoxyd u. a.).	—	—
Kutscher, Fuhrknechte (Chauffeure s. auch unter Schlosser)	Unbilden der Witterung (Erkältungskrankheiten); Heben und Tragen schwerer Lasten.	Kräftiger Körperbau.	normal
Lageristen 20	Heben und Tragen schwerer Gegenstände, Steigen auf Leitern.	—	kein Herzfehler.
Landwirtschaft, Forstwesen 31. 34. 43. 59. 74.	Witterungseinflüsse, oft lange Arbeitszeiten, sonst gesunder Beruf mit reichl. Aufenthalt in frischer Luft, ständig. Wechsel der Körperhaltung.	auch für Schwächliche nützlich; mittelkräftiger Körperbau erwünscht.	für schwere Lungenleiden und Herzfehler ungeeignet; leichte Lungentuberkulose schließt nicht aus.

Eignung, betr.		Berufs-Schutzmaßnahmen	Wirtschaftliche Verhältnisse
Nerven, Sinnesorgane	Sonstige körperliche Mängel		
normal	keine abstoßende Gebrechen, Hautausschläge, Schweißhände, Neigung zu Rheumatismus.	Vorsicht vor Erkältung! Kein rohes Fleisch essen; Verletzungen beachten und richtig verbinden!	3—4 Jahre Lehrzeit, meist kein Lehrgeld; sonst wie Kellner.
normal; jedoch auch für Blinde u. Taube beliebter Beruf.	—	Turnen, Schwimmen, Bewegungen in frischer Luft sehr notwendig.	—
normal	keine Beeinträchtigung der Glieder, keine Bruchanlage.	Vorsicht vor Erkältung und vor Alkoholmißbrauch!	Gewandtheit im Schriftlichen erwünscht. 3jähr. Lehrzeit, Bezahlung und Aussichten gut (Kellermeister).
normale Augen erforderlich.	Krampfadern, Plattfüße, Schweißhände machen ungeeignet.	Arbeitsgeräte nicht in den Mund nehmen. Vorsicht bei Staubarbeit (Atmung durch die Nase) und bei Verwendung giftiger Substanzen. Fleißig die Hände waschen; sehr zweckmäßig ist Bewegung in frischer Luft und vernünftiger Sport.	—
—	—	—	Löhne ziemlich hoch; viele Unterkunftsmöglichkeiten und Übergang in verwandte Berufe; Selbständigmachung erfordert Kapital.
Volle Sehkraft, gutes Gehör; nüchtern, geistesgegenwärtig. Keine Schwindel- u. Krampfanfälle.	Vollkommen gebrauchsfähige Glieder; keine Bruchanlage.	Abhärtung und größte Mäßigkeit erforderlich. Je nach Witterung kleiden! Für Chauffeure ist amtsärztliche Untersuchung vorgeschrieben.	Lohn je nach Örtlichkeit pro Woche für Fuhrknechte 18 bis 32 M., für Kutscher 24 bis 30 M., für Chauffeure 30 bis 35 M.
normal; keine Neigung zu Schwindel u. Krämpfen.	—	—	—
sollen normal sein.	keine Neigung zu Rheumatismen u. Katarrhen. Keine Unterleibsbrüche bzw. Anlagen hierzu.	Bei Durchnässungen Kleiderwechsel!	—

Berufsart	Berufs-Schädlichkeiten	Körperliche	
		Körperbeschaffenheit, Blutbildung	Lungen, Herz
Lithographen, Xylographen, Chemigraphen, Kupferdrucker usw. 20. 32. 57.	Stetes Sitzen in geschlossenen Räumen, in vornübergebeugter Haltung; Anstrengung der Augen. Bei Steindruckern viel Stehen; Hautreizungen durch Terpentin, Farben, Salpetersäure, Chromsalze.	—	Tuberkulose macht ungeeignet.
Maler, Anstreicher, Lackierer 33. 41.	Arbeiten auf Leitern u. Gerüsten; Zugluft in offenen Bauten (Rheumatismus u. Erkältungskrankheiten). Bleivergiftung bei Verwendung bleihaltiger Farben, Kitte und Firnisse; Hautreizungen u. Vergiftung durch Terpentin, Benzol u. ä.	Blutarmut unerwünscht.	Lungentuberkulose schließt aus.
Marine 34. 40. 59. 61. 74.	Zeitweise körperliche Anstrengungen; Witterungsunbilden. Dagegen sehr günstiger Aufenthalt in reiner Seeluft, ständiger Wechsel der Körperhaltung.	vollkommene Gesundheit nötig.	
Maurer 29. 32. 33. 59.	Arbeiten auf Gerüsten (Unfälle); Witterungseinflüsse und Zugluft in offenen Neubauten (Rheumatismus u. Erkältungskrankheiten); Staubentwicklung (Erkrankungen der Atmungsorgane); z. T. schweres Heben und Tragen.	mittlere Körperentwickelung nötig.	Lungentuberkulose u. Herzfehler schließen aus.

[E]ignung, betr.		Berufs-Schutzmaßnahmen	Wirtschaftliche Verhältnisse
Nerven, Sinnesorgane	Sonstige körperliche Mängel		
[g]ute Augen, sehr gutes Farbenunterscheidungsvermögen nötig.	keine Schweißhände; keine Neigung zu Hautleiden und zum Schiefwerden.	Reinlichkeit; Hautpflege bei Verwendung reizender Substanzen Vorsicht beim Gebrauch der starken Säuren u Gifte (Chromsalze, Sublimat, Zyankali u. a.). Sorge für gute Beleuchtung; bei Sehstörungen sogleich zum Augenarzt gehen! Überkleider tragen; Werkstätten gut lüften! Außerdem fleißige Bewegung in frischer Luft, Turnen u. ä.	Die Lohnverhältnisse sind tariflich geregelt. 4 jährige Lehrzeit mit Lohnzahlung; Wohnung u. Verpflegung nicht beim Meister.
[k]eine Neigung zu Krämpfen und Schwindelanfällen. Gutes Farbenunterscheid.-Vermögen ist erforderlich.	keine Neigung zu Hautkrankheiten und Rheumatismus. Unbehinderte Beweglichkeit der Finger und Arme.	Die schwerste Gefahr des Malergewerbes, die Bleivergiftung, kann durch peinliche Reinlichkeit und genaue Befolgung der bestehenden Schutzvorschriften fast völlig vermieden werden. Auch bei leichten Erkrankungen (bes. Magen, Darm, Nerven) gleich zum Arzt gehen! Kräftige Ernährung und Mäßigkeit im Alkoholkonsum ist sehr notwendig. Milch trinken!	—
[t]adellose Augen u. gutes Farbenunterscheidungsvermögen. Schwindelfreiheit, keine Krämpfe.	—	—	—
normale Sinne; keine Neigung zu Krämpfen und Schwindel.	keine Unterleibsbrüche oder Bruchanlagen.	Bei Verletzungen gleich zum Arzt gehen! Bei Kalkverletzungen des Auges sofort reichlich kaltes Wasser durch das Auge laufen lassen! Schutz vor Durchnässung und Erkältung, vor Staubeinatmung (Mund geschlossen halten!) Nicht zuviel alkoholische Getränke trinken!	Die Lohnverhältnisse sind für die meisten größeren Orte tariflich geregelt.

Berufsart	Berufs-Schädlichkeiten	Körperliche	
		Körperbeschaffenheit, Blutbildung	Lungen, Herz
Metallbearbeitung (Drucker, Former Gießer, Schleifer) siehe auch Schlosser, Schmiede u. ä.	z. T. Arbeit in geschlossenen Räumen und in gezwungener Körperhaltung; ziemlich anstrengend; Einatmung von Staub (Metall, Sand, Schleifstaub usw.) mit Reizung der Atmungsorgane, Augen usw.).	mittelkräftiger Körperbau nötig.	Lunge u. Herz müssen gesund sein.
Metzger 20. 29.	Körperlich anstrengend, schwer Tragen; vieles Stehen; Verletzungen sind häufig. Erkältungsmöglichkeit ist bei Betreten der Kühlräume mit erhitztem Körper gegeben. Durch Essen von rohem Fleischgehack können Bandwürmer erworben werden. Anderseits staubfreier Beruf; Ernährung ist meist sehr reichlich u. kräftig	wie oben!	kein Herzfehler.
Müller 20. 29. 60.	Teilweise anstrengende Arbeit, auch Nachtarbeit und Wasserarbeit. Getreide- u. Mehlstaub (daher Krankheiten der Atmungsorgane u. der Zähne, Hautleiden).	wie oben!	Lungentuberkulose u. Herzfehler schließen aus.
Musiker 32. 33.	Meist Nachtarbeit in schlechter Luft; Gefahr des Alkoholmißbrauchs. Blasen körperlich anstrengend.	wie oben	keine Tuberkulose. Bei Blasinstrumenten gesunde Lunge erforderlich.
Pflasterer 29.	Körperlich anstrengend; gezwungene Körperhaltung; Einflüsse der Witterung(Krankheit d. Luftwege, Rheumatismus).	kräftiger Körperbau nötig.	Tuberkulose u. Herzfehler machen ungeeignet.

gnung, betr.		Berufs-Schutzmaßnahmen	Wirtschaftliche Verhältnisse
Nerven, Sinnesorgane	Sonstige körperliche Mängel		
rmal; die Nasenatmung muß unbehindert sein.	keine Anlage zu Wirbelsäulenverkrümmung, zu Unterleibsbrüchen, Plattfüßen, Krampfadern. Keine Schweißhände.	notwendig fleißige Bewegung in frischer Luft (Baden, Turnen, 2c.) u. körperliche Reinlichkeit.	Aussichten für kräftige und geschickte Arbeiter günstig; schon in der Lehrzeit meist guter, ständiger Verdienst.
wie oben	wie oben; ferner keine Plattfüße und Krampfadern. Sinn für Reinlichkeit erforderlich.	Bei Verletzungen baldigst zum Arzt gehen! Kein ungekochtes Fleisch essen, übermäßige alkoholhaltige Getränke vermeiden. Vorsicht bei der Schlachtung kranker Tiere (Notschlachtung)!	Für Gehilfen gute Bezahlung u. Verpflegung, an den Nachmittagen viel freie Zeit. Für Meister ist z. Zeit wegen hoher Viehpreise die Existenz schwierig; sonst einträgliches Gewerbe.
wie oben eine Ohrleiden; Nase muß frei urchgängig sein.	keine Neigung zu Rheumatismus, keine Unterleibsbrüche und Bruchanlagen, Sinn für Reinlichkeit.	Hautpflege durch Waschen und Baden. Bei Staubarbeit Mund geschlossen halten; Nasenatmung. Zahnpflege sehr notwendig. Nach Durchnässungen Kleiderwechsel.	—
rmal	Bläser braucht gutes Gebiß!	Vorsicht vor Alkoholmißbrauch!	—
—	keine Unterleibsbrüche oder Bruchanlage; keine Neigung zu Rheumatismus.	Kleiderwechsel nach Durchnässung erforderlich. Vermeidung übermäßigen Alkoholgenusses!	—

Berufsart	Berufs-Schädlichkeiten	Körperliche	
		Körperbeschaffenheit, Blutbildung	Lungen, Herz
Photograph 32. 60.	Reizende, zum Teil giftige Chemikalien (Hautleiden); Anstrengung der Augen. Gelegentlich auch reizende Gase.	—	—
Posamentierer 32. 60.	Sitzen in geschlossenen Räumen; Faserstaub (reizt die Atmungsorgane).	—	keine Tuberkulose.
Sattler, Tapezierer Taschner	Staubbildung bei Polsterarbeiten (Reizung d. Luftwege); z. T. Arbeiten auf Leitern usw. Verletzungen durch spitze Werkzeuge usw.; ätzende Chemikalien (Hautleiden); eventuell auch Gefahr der Milzbrandansteckung.	mittelkräftiger Körperbau nötig.	keine Tuberkulose.
Schäffler, 29. 32. 73.	Körperl. Anstrengung, z. T. im Stehen, z. T. in gebückter Haltung. Holzstaub (Reizung der Atmungswege).	mittelkräftiger Körperbau nötig.	keine Tuberkulose, kein Herzfehler
Schneider 20. 32.	Arbeit in geschlossenen Räumen, in zusammengekauerter Stellung (Verbiegung der Wirbelsäule, Beeinträchtigung der Atmung und Verdauung). Augenanstrengung. Faserstaub u. Straßenstaub, reizt die Atmungsorgane.	Schwächliche u. Blutarme ungeeignet.	keine Tuberkulose

Eignung, betr. Nerven, Sinnesorgane	Eignung, betr. Sonstige körperliche Mängel	Berufs-Schutzmaßnahmen	Wirtschaftliche Verhältnisse
gute Augen und Farbensinn.	keine Schweißhände, keine Neigung zu Hautkrankheiten. Bei Verkehr mit dem Publikum sollen körperliche Gebrechen oder Entstellungen nicht vorhanden sein.	Reinlichkeit und Hautpflege sehr notwendig; Vorsicht bei Verwendung giftiger Stoffe. Dunkelkammer gut lüften; viel Bewegung in frischer Luft. Überkleider tragen!	3 jähr. Lehrzeit, Wohnung und Verpflegung nicht beim Meister. Anfangsgehalt der Gehilfen ca. 80 M. monatl.; Gehalt erhöht sich bei tüchtigen Arbeitern sehr rasch und wesentlich.
normales Seh- u. Farbenuntersch.-Vermögen erforderlich. Nase muß durchgängig sein!	keine Neigung zum Schiefwerden; keine Schweißhände. Geschickte Hände, Farbensinn u. Geschmack nötig.	Fleißige Bewegung in frischer Luft, Turnen. Nicht mit offenem Munde atmen!	—
Farbensinn nötig, ferner Geschmack und zeichnerische Begabung. Neigung zu Krampf- und Schwindelanfällen machen ungeeign.; ebenso Kurzsichtigkeit.	keine Neigung zum Schiefwerden.	Schutz vor dem Staub durch Reinlichkeit in der Werkstätte, feuchtes Kehren, ev. Vornahme staubender Arbeiten im Freien. Reichliche Bewegung in frischer Luft; Baden, Körperübungen. Verletzungen sogleich ordentlich verbinden, bzw. Arzt aufsuchen!	Bei Tapezierern Lehrlingsmangel; im Saisongewerbe oft Arbeitslosigkeit. Lehrlinge sind viel außer Haus. Geschirrsattlerei ist z. Z. nur mehr wenig lohnend, dagegen sind Wagensattlerei und Herstellung von Reitutensilien sowie Taschnerei im Aufschwung begriffen.
—	keine Unterleibsbrüche od. Bruchanlage; keine Plattfüße und Krampfadern.	—	In Brauereien und Faßfabriken gut, bisher Mangel an tüchtigen Arbeitern; allerdings Selbständigmachung nicht leicht. Für Weißbinder Aussichten weniger gut; Selbständigmachung zwar leicht, doch Verdienst sehr knapp
sollen normal sein.	Neigung zum Schiefwerden oder zu rundem Rücken, Schweißhände oder Hautleiden der Hände, verkrüppelte Finger machen ungeeignet.	Fleißige Bewegung in frischer Luft; Turnen, Schwimmen. Verletzungen sorgfältig verbinden, gleich den Arzt aufsuchen! Nicht den Faden abbeißen, die Nadel nicht in den Mund nehmen! Sorge für gute Beleuchtung; bei Sehstörungen zum Augenarzt gehen!	Die Lohnverhältnisse sind sehr günstig; zur Selbständigmachung genügt kleines Kapital.

Berufsart	Berufs-Schädlichkeiten	Körperliche	
		Körperbeschaffenheit, Blutbildung	Lungen, Herz*
Schuster 20. 33.	Ähnlich wie Schneider.	—	—
Schlosser a) Kunst- u. Bauschlosser b) Maschinenschlosser (Grobmechaniker, Büchsenmacher).	z. T. wie Schmied, z. T. wie Installat.	—	—
Schmied 23. 29. 59. 73.	Meist Stehen, körperliche Anstrengung; Hitze, Lichtschein, Lärm, Rauch u. Staub können schädigend wirken. Gelegenheit zu Verletzungen u. Verbrennungen.	wie oben	Lunge und Herz müssen gesund sein.
Schreiner s. auch Drechsler 21. 29.	Arbeit meist im Stehen, teilweise körperlich anstrengend. Der Holzstaub wirkt reizend auf die Atmungsorgane. Häufige Verletzungen. Hautreizungen durch Polituren, Beizen und Farben; giftige ausländische Hölzer.	mittelkräftiger Körperbau nötig.	keine Anlage zu Tuberkulose; kein Herzleiden.

Eignung, betr.		Berufs-Schutzmaßnahmen	Wirtschaftliche Verhältnisse
Nerven, Sinnesorgane	Sonstige körperliche Mängel		
—	—	wie Schneider. Nägel nicht in den Mund nehmen.	Selbständigmachung ohne große Mittel möglich, doch Konkurrenz durch Fabrikindustrie. Lehrlinge finden leicht Aufnahme, meist ohne Lehrgeld; keine Entlohnung. Verdienst d. Gehilfen z. Z. tariflich gerregelt.
—	—	—	Löhne sind nicht ungünstig; Selbständigmachung mit mittlerem Kapital möglich, ebenso Übertritt in andere Berufe (Eisenbahn, Post, Trambahn, Automobil), wofür der Schlosserberuf Vorbedingung ist. Tüchtige Maschinenschlosser jederzeit gesucht bei gutem Verdienst; für Fahrradmechaniker und Büchsenmacher sind die Aussichten nur in Großbetrieben gut, sonst weniger günstig.
normal, bes. keine Ohrleiden.	wie oben	Schutz vor Erkältungen! Bei Durst nicht große Mengen kalter oder gar alkoholischer Flüssigkeiten hineintrinken! Bei längerem Hineinsehen in grelles Feuer Schutzbrillen aufsetzen! Bei Verletzungen, Verbrennungen, Augenleiden usw. gleich den Arzt aufsuchen. Fleißige Bewegung in frischer Luft, Baden, Reinlichkeit.	Tüchtige Leute finden gute Bezahlung. Für Hufschmiede ist eine gewisse Intelligenz Vorbedingung.
normal; für Einäugige ungeeignet, ebenso für mit Krämpfen Behaftete. Zeichnerische Begabung erwünscht.	Krampfadern, Plattfüße, Brüche u. Bruchanlage, Neigung zum Schiefwerden, empfindliche Haut machen ungeeignet.	Wichtig fleißige Bewegung in frischer Luft, Turnen, Schwimmen usw. Bei Verletzungen sofort zum Arzt. Bei Staubarbeit Mund geschlossen halten, die Staubbildung soll nach Möglichkeit verhütet werden (feucht aufwischen, kehren, Kleiderreinigen nach d. Arbeit). Beizen usw. nicht an den Händen antrocknen lassen; Hände fleißig waschen und leicht einfetten!	Arbeits- und Lohnverhältnisse günstig; für tüchtige Leute sind gehobene Stellungen (Werkmeister, Zeichner) u. Selbständigmachung ohne großes Kapital möglich.

Berufsart	Beruf-Schädlichkeiten	Körperliche	
		Körperbeschaffenheit, Blutbildung	Lungen, Herz
Schriftgießer vgl. auch Buchdrucker, Setzer 41. 57.	Arbeit meist im Stehen; Ofenhitze; Umgang mit den Metallgiften Blei und Antimon.	Blutarme sind ungeeignet.	Tuberkulose macht ungeeignet.
Seiler 32.	Viel Stehen und Gehen. Faserstaub-Einatmung (Hechelfieber).	—	keine Anlage zu Tuberkulose.
Spengler	vgl. Installateure usw. Kupferschmiede.	—	—
Steinmetze u. ä. 32. 35. 59.	Arbeit körperlich anstrengend; meist im Freien und in offenen Hallen (Witterungseinflüsse veranlassen Erkältungskrankheiten und Rheumatismen); Unfallsgefahren! Sehr bedenklich ist die Steinstaub-Einatmung, welche Erkrankungen der Atmungsorgane hervorruft.	kräftiger Körperbau nötig.	Herz und Lungen müssen gesund sein.
Stukkateure, Bildhauer 32. 59.	Arbeit meist im Stehen, z. T. Überkopfarbeiten, viel Bücken. — Beschäftigung auf Leitern und Gerüsten (Unfälle), Witterungseinflüsse u. Zugluft (Erkältungen), Staubarbeit.	mittelkräftiger Körperbau erforderlich.	wie oben.

ignung, betr.		Berufs-Schutzmaßnahmen	Wirtschaftliche Verhältnisse
Nerven, Sinnesorgane	Sonstige körperliche Mängel		
normal.	Plattfüße u. Krampfadern unerwünscht.	Vorsicht vor Erkältungen, bes. vor der Bleivergiftung: peinliche Reinlichkeit und genaue Befolgung der Schutzverordnungen. Bei irgendwelchen Erkrankungen, bes. Magen- und Darmstörungen, sofort den Arzt aufsuchen!	—
ase muß durchgängig sein.	Plattfüße u. Krampfadern sind unerwünscht.	Bei Staubarbeit nicht durch offenen Mund atmen.	—
—	—	—	Beschäftigung ist meist gut und lohnend, dabei sehr vielseitig und anregend. Schon die Lehrlinge erhalten angemessene Entschädigung.
ormal; Nase muß urchgängig sein.	Erbliche Belastung durch Tuberkulose, überstandene Skrophulose, Knochen- u. Drüsenleiden schließen aus. Unterleibsbrüche u. Bruchanlage, Plattfüße, Krampfadern unerwünscht, ebenso Neigung zu Rheumatismen u. Hautausschlägen an den unbedeckten Körperstellen.	Nicht mit offenem Mund atmen. Staubverhütung durch Anfeuchten; genaue Befolgung der erlassenen Schutzverordnungen. Fleißige Bewegung in frischer Luft und vernünftiger Sport. Bei Durchnässung mögl. baldiger Kleiderwechsel. Vermeidung starken Rauchens u. übermäßiger Alkoholaufnahme; besser Milch trinken! Bei Verletzungen gleich zum Arzt gehen! Schutzbrillen tragen!	Die Lohnverhältnisse sind für die größeren Orte tariflich geregelt.
ine Neigung zu Schwindelanällen u. Krämpen. Normale Sinnesorgane u. eichnerische Beabung nötig.	Plattfüße u. Krampfadern, Neigung zu Rheumatismen unerwünscht	wie oben. Bei Fassadenarbeiten usw. genaue Befolgung der erlassenen Schutzverordnungen.	wie oben.

Berufsart	Berufs-Schädlichkeiten	Körperliche	
		Körperbeschaffenheit, Blutbildung	Lungen, Herz
Uhrmacher, Optiker s. a. Feinmechaniker, Goldarbeiter 20. 54. 57.	Sitzen in geschlossenen Räumen; Anstrengung der Augen.	auch für Schwächliche geeignet.	keine Tuberkulose.
Verkäufer 23. 60.	Meist im Stehen; je nach Branche auch Schädigungen durch Staub, giftige Chemikalien u. dgl.	—	Tuberkulose macht ungeeignet.
Wäscherei (Chemische Wäscherei, Appretur)	Arbeit im Stehen, z. T. auch körperlich anstrengend. Bei Durchnässungen Gelegenheit zur Erkältung. Benzinvergiftung u. Explosionsgefahr. Einatmung von Kohlenoxyd b. Bügeln.	mittelkräftiger Körperbau nötig.	Herzleiden u. Tuberkulose machen ungeeignet.
Wagner	vgl. Schäffler.	—	—
Zahntechniker (Dentisten)	Teilweise gebückte Körperhaltung; Anstrenguug der Augen; schädliche Gase beim Beizen, Löten, Schmelzen, Vulkanisieren.	—	Tuberkulose macht ungeeignet.

…ignung, betr.		Berufs-Schutzmaßnahmen	Wirtschaftliche Verhältnisse
Nerven, Sinnesorgane	Sonstige körperliche Mängel		
…ormale Sinnesorgane; rechnerische und zeichnerische Begabung.	Gewandte Hände ohne Handschweiß erforderlich.	Vernünftige Bewegung in frischer Luft zweckmäßig unter Vermeidung von anstrengendem Sport und Alkoholmißbrauch.	Gute Ausbildung schwierig, Löhne bescheiden; nur für Intelligentere gute Aussichten. Werkzeuge kosten ca. 200 Mark.
normal	Plattfüße, X-Beine, Krampfadern, Hautleiden unerwünscht; beim Verkehr mit dem Publikum sind entstellende Gebrechen ausschließend.	—	Sprachgewandte und warenkundige Kräfte von ansprechendem Äußern sind gesucht und gut bezahlt.
normal	wie oben (Verkäufer). Obere Gliedmaßen müssen frei beweglich sein.	—	—
—	—	—	Durch den Karosseriebau besonders in den Städten im Aufblühen; wirtschaftl. Verhältnisse nicht ungünstig.
…ormal; gute Augen nötig.	Keine entstellenden Gebrechen, Hautleiden, Schweißhände. Geschicklichkeit der Hände notwendig.	Vorsicht beim Umgang mit Chemikalien und Apparaten; Reinlichkeit!	Selbständigmachung durch die hohen Kosten der Einrichtung erschwert, jedoch Verdienstaussichten nicht ungünstig.

Berufsart	Berufs-Schädlichkeiten	Körperliche	
		Körperbeschaffenheit, Blutbildung	Lungen, Herz
Zigarren-, Zigarettenarbeiter 32. 43.	Sitzen bei gebückter Körperhaltung in geschlossenen Räumen; Tabakstaub reizt die Luftwege.	Blutarme sind ungeeignet.	Tuberkulose macht ungeeignet.
Zimmermann 20. 29. 59.	Körperlich anstrengende Arbeit im Stehen, z. T. bei ungünstiger Körperhaltung. Schweres Tragen und Heben. Arbeit auf Gerüsten; Witterungseinflüsse; Unfallsgefahr.	kräftiger Körperbau nötig.	müssen gesund sein.
Näherinnen, Stickerinnen, Modistinnen usw., Blumen- und Federmacherinnen. 22. 32. 57.	Arbeit in geschlossenen Räumen, meist im Sitzen und in gebückter Körperhaltung. Einatmung von Faserstaub usw. (Reizung der Atmungsorgane). Anstrengung der Augen.	für blutarme, bleichsüchtige Mädchen nicht zu empfehlen.	Anlage zur Tuberkulose schließt aus.
Wäscherinnen, Büglerinnen 29. 33.	Arbeit körperlich anstrengend, meist im Stehen; z. T. Wasserarbeit mit Gelegenheit zu Erkältungen. Verwendung von Kohleneisen u. von Gasbügelöfen veranlaßt häufig Kohlenoxyd-Vergiftungen (Kopfschmerz, Schwindel). Hautreizung durch Wasserarbeit, Seifen, Laugen usw.	mittelkräftiger Körperbau nötig.	Tuberkulose u. Herzfehler machen ungeeignet.

…gnung, betr.		Berufs-Schutzmaßnahmen	Wirtschaftliche Verhältnisse
Nerven, Sinnesorgane	Sonstige körperliche Mängel		
…r Sortierer ist …uter Farbensinn …ötig.	Hautleiden u. Schweißhände machen ungeeignet. Geschicklichkeit u. Beweglichkeit der Finger ist nötig.	Fleißig Spazierengehen usw. in frischer Luft. Persönliche Reinlichkeit unbedingt erforderlich.	—
…rmal; keine Neigung zu …rämpfen und …chwindel.	Plattfüße u. Krampfadern sind unerwünscht. Unterleibsbrüche und Anlagen machen ungeeignet.	Schutz vor Erkältung; nach Durchnässung die Kleider wechseln. Bei Verletzungen gleich zum Arzt!	Lohnverhältnisse in allen größeren Orten tariflich geregelt.
…rmal; bes. sind …ute Augen und Farbenunter…heidungsver…nögen nötig.	Neigung zum Schiefwerden und zu Unterleibsstörungen, zur chron. Verstopfung; Schweißhände machen ungeeignet.	Nadeln nicht in den Mund nehmen! Sorge für gute Haltung, sich nicht zu sehr zusammenbücken, Augen nicht mehr als ca. 30 cm dem Arbeitsgegenstand nähern! Bei Sehstörungen sogleich zum Augenarzt gehen! Sehr notwendig ist reichliche Bewegung in frischer Luft, Spazierengehen, Turnen, Schwimmen u. dgl.	—
normal	Anlagen zu Plattfuß, Krampfadern, Unterleibsleiden machen ungeeignet, ebenso sehr empfindliche Haut.	Fleißig lüften, bzw. Fenster offen halten; bei Hautleiden rechtzeitig den Arzt aufsuchen! Nasse Kleider wechseln!	—

Berufe, die für mit körperlichen Gebrechen Behaftete geeignet sind:

1. **Blinde:** Bürstenbinder, Pinselmacher,
Herstellung von Flechtarbeiten aller Art (Körbe, Matten),
Seiler,
Maschinenschreiber,
Masseure,
Musiker, Organisten,
Lehrer (Sprachlehrer, Musiklehrer u. ä.).

2. **Taubstumme:** Bildhauer, Maler,
Lithograph, Graveur,
Buchbinder,
Schneider, Schuster,
Bäcker, Konditor,
Schreiner, Schäffler, Drechsler u. ä.

3. **Verkrüppelte** (je nach Art und Umfang ihres Gebrechens bei erhaltener Fingerfertigkeit):
Flechtarbeiten,
Bürsten- und Pinselfabrikation,
Buchbinder, Vergolder,
Schreiber, Stenograph,
Kunstmaler, Zeichner,
Musiker,
Schneider, Schuster, Bandagist ꝛc.

Tatkraft
und Selbstbewußtsein
sind die Voraussetzungen
jedes Erfolges.
Sie gedeihen nur auf
dem Boden der Gesundheit:
Kathreiners Malzkaffee.

Der Gehalt macht's!

www.ingramcontent.com/pod-product-compliance
Lightning Source LLC
LaVergne TN
LVHW010648300926
849161LV00005B/1059